普天之下・盡是好書

普天出版家族
Popular Press Family

凌雲文創
A-Plus Creative Company

與其沉默面對，不如用幽默巧妙化

用幽默代替沉默的溝通藝術

Use humor instead of silence

西塞羅曾經寫道：

玩笑與幽默不僅令人開懷，而且經常有意料不到的妙用。

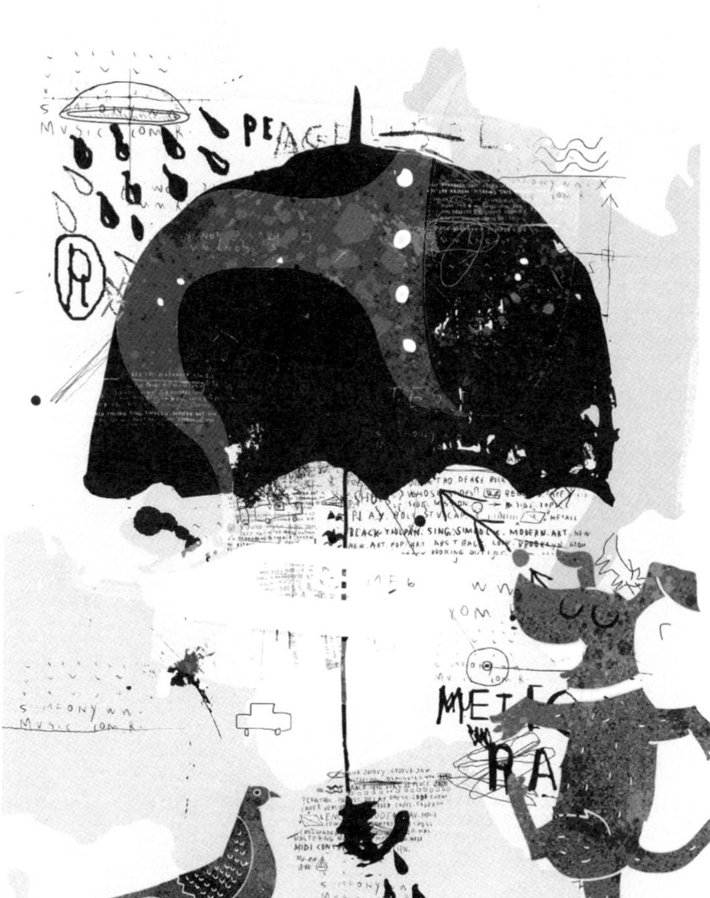

其實，一個有智慧的人，不小心出糗，以及面對粗魯的言行挑釁時，或是在自己不感興趣發言的問題上，通常不會選擇沉默，而是會用極出色的幽默來代替沉默，化解僵滯的氛圍。

懂得幽默的人，知道如何用幽默的話語代替自己不想回答又不得不回答的問題。懂得幽默的人，知道如何透過幽默化解讓自己尷尬的處境。

懂得幽默的人，知道如何用幽默回應原來只能用沉默消極面對的問題。

●出版序●

用幽默代替沉默的應變智慧

塞德娜

如果，你懂用幽默代替沉默，先下一著，拿自己的弱點開刀，不但讓對方無從下手，更表現出自己的坦然自若。

日本作家池田大作曾說：「幽默是人的情感的自然流露，直接和別人的情緒聯結，它可以像潤滑油一樣，潤滑人際關係。」

的確，詼諧幽默的言談可以說是人們在社交場上所穿的最漂亮服飾，尤其是你出糗或遭到言語攻擊之時，試著用幽默代替沉默，機智地輕鬆回應，絕對可以化解尷尬或對立的氣氛，並讓自己贏得掌聲。

一個有智慧的人，不小心出糗時，面對粗魯的言行挑釁時，或是自己不感興趣發言的問題上，通常不會選擇沉默，而是會用極出色的幽默來代替沉默，化解僵滯的氛圍。

人生的每一場戰役都是冷酷無情的，所謂「知己知彼，百戰百勝」，想要在人生戰場成功，就先從了解自己、攻擊自己開始。如此一來，面對別人的攻擊，你將不再有所畏懼。

林肯是美國第十六任總統，他的幽默感在美國歷任總統之中，算得上獨樹一格。任何人都是他幽默的對象，有時連自己都不放過。

坦白說，林肯的外貌算不上是英俊瀟灑，他自己當然也很清楚知道這一點，因此，經常把它當成防禦的武器，以自我解嘲來面對別人的「吐槽」。

有一次，他和政論家史蒂芬·道格拉斯一同參加了一場公開辯論，當時，道格拉斯火力四射，毫不留情地批評他是個牆頭草、雙面人。

林肯聽了這番抨擊不怒反笑，幽默地回答道：「現在，我們不妨讓聽眾一起來評評理，我要是真的有另一副臉孔的話，你說，我還會拿這副難看的臉孔面對大家嗎？」

林肯毫不猶豫地拿自己的容貌做文章，一語雙關地一口氣回敬了道格拉斯的批評，不只幽默感十足，更顯出他寬容的氣度。

試想，一個人連自己的缺點都不怕面對了，他的心地也必定是坦然無欺了，林肯簡單的一句自我解嘲，不只堵了敵人的嘴，同時也突顯出自己的胸懷與氣

度，算得上是一舉兩得。

批評，是每個人都沒有辦法逃避的人生考驗，敵人永遠會想辦法挖掘你的弱點，刺激你的缺陷，目的就是爲了激怒你，好讓你暴露出更多的弱點，然後輕而易舉地把你攻擊得體無完膚。

如果，你懂用幽默代替沉默，先下一著，拿自己的弱點開刀，不但讓對方無從下手，更表現出自己的坦然自若。可以說是既守了陣地，又得了一項反擊的利器，批評將不再能傷害你，反而成爲展現自己的工具。

美國作家比徹曾說：「只要你能用幽默的方式讓對方會心一笑，對方就會不由自主照著你的意思去做。」

確實如此，幽默往往會製造左右他人決定的效果。遇到不如己意的事情，要當場發飆很容易，困難的是適時發揮機智，用幽默的方式表達自己的意思。

本書是《用幽默代替沉默全集——臨機應變篇》的全新修訂版，謹此向讀者說明。

PART 1

面對挑釁，要懂得巧妙回應

幽默的語言，是一種奇妙的文字排列，同樣一句話，排列組合稍有不同，聽起來效果就天差地別。

PART 2 隱喻可以降低對方的敵意

隱喻，是一種幽默的形式，重點就在於不把話意點明，讓聽話者自行決定話語中的意涵，既可以降低敵意，也可以達到目的。

PART 3

要識時務，也要扭轉情勢

局勢不利於己的時候，要懂得引導形勢，眼光要看得比別人遠，腦筋要動得比別人快，才能立於不敗之地。

PART 4

用幽默的話語表達自己的誠意

我們不需要強迫自己偽善，但我們可以想辦法不做壞人，在能力範圍內予人方便，幫人一把。

PART 5 以迂迴方式來迷惑對方

言語交鋒，以看似軟化的態度與迂迴引導的方式，讓對方失去防心，再乘勝追擊，更能收得超乎想像的效益。

PART 6

越是急的情境越要冷靜

面對危急時，最好的應對之策，就是使自己先冷靜下來，靜心想方法、想謀略。遇事要冷靜，不只是一句口號，而是生存之道。

PART 7

多一分耐性，就少一分紛爭

遇上問題的時候，別急著生氣，先試著控制自己的怒氣，想清楚前因後果，才能夠據理力爭。

PART 8

說話得體，才能無往不利

懂得適時適地說好話，才能得到預期的效果，也才能運用話語的力量，在人與人之間製造出減少磨擦的潤滑劑。

PART 9

拐彎抹角有什麼不好？

以幽默的方式，不直接面對問題，而採取拐彎抹角的手段，可以消弭彼此針鋒相對的尖銳感，當然，也可以更圓滿地解決問題。

PART 1

面對挑釁，要懂得巧妙回應

幽默的語言，是一種奇妙的文字排列，同樣一句話，排列組合稍有不同，聽起來效果就天差地別。

裝糊塗也是一種幽默的方法

裝瘋賣傻的背後，可能是一個工於心計的策略，越是迷糊、傻氣的表現，有時候反而是一種最大的嘲弄和諷刺。

眞要細數起生命裡令人手足無措、內心煩悶的事情，林林總總何其之多，如果不能找尋一種紓解的方式或宣洩的管道，人心恐怕會這麼不斷地隨著環境的變化而浮躁起來。

人在性緒浮躁的時候，頭腦也多半不太靈光，犯錯的機率就更高了。

有位哲人說，能夠運用幽默的方式，把自己所有的不滿和不快都包含在一笑之中，會是一種明智的選擇。

這句話聽起來還蠻有道理的，能夠適時適地裝糊塗，似乎是一種不錯的處世方式，有時還能達到意想不到的效果。

十五世紀時，曾經長期擔任倫敦西敏寺公學校長的理查德．巴斯比是一位個子相當矮小的人，但是這並不代表他的智慧也和他的身高成正比。

有一次，他走進一家咖啡館裡，當時人潮非常擁擠，突然身後傳來一聲叫喚：「喂，巨人，你可以帶我到座位上去嗎？」

他回頭一看，原來是一位身材高大的男爵，這個人一向以見識膚淺和生活放蕩出名。

巴斯比不想和他動氣，應聲答道：「呵，侏儒，當然可以。」

那人擠過來他的身邊，故意說：「喔，請你原諒，我並不是在取笑你的身材，而是在說你的才智。」

巴斯比聽了這話，仍舊沒有動氣，面無表情地回敬他說：「放心，我也不是指你的身材。」

這場論戰並沒有煙硝味，但仔細一聽就可以發現，兩個人從頭到尾都在打迷糊仗，表面上各自裝糊塗，內心裡卻不乏精明的算計，也因此讓旁人看來精采無比、火花四濺。

我國作家車爾尼雪夫斯基曾經說過：「一個人的諧謔大部分都是挖苦揶揄，因為他感到了侮辱；而挖苦則是受侮辱者的諧謔，劇毒的諧謔。」

裝瘋賣傻的背後，可能是一個工於心計的策略，越是迷糊、傻氣的表現，有時候反而是一種最大的嘲弄和諷刺。

冷嘲熱諷不是最好的待人模式，卻是必須備而不用的基本裝備，當正常的管道和反應失去準頭時，這個「救援投手」就得隨時上場。

用幽默代替沉默的溝通藝術

人不會裝糊塗，就不懂如何生活；裝糊塗既是盾，刀槍不入；也是箭，什麼盾也擋不住。

——阿雷帝諾

面對刺耳的話語，以幽默軟性反擊

幽默是一種軟性的反擊，在氣度和機敏度上勝過對方一籌，才能成功地扭轉局勢。

幽默有些時候是非常具有諷刺性的，但是，諷刺性的產生，通常並非一個腦袋主動性地想在言語上欺壓另一個腦袋，而是當一個人無端遭受到言語攻擊的時候，一種不願吃虧的直覺反應。

無心之言，說起來無心，可是聽在被攻擊的人耳裡自是刺耳得不得了，反擊，有時候可能也是一種即刻性的回應。

當然，人與人之間的種種言詞交鋒，其實也都代表著在各自的內心裡，對於這些話語的重視程度。

古希臘悲劇作家歐里庇得斯曾經對人表示，他有時候光是要寫下三句詩句，就得絞盡腦汁，花上三天的時間。

有一位詩人聽到他這麼說，忍不住驚叫：「那麼長的時間，我都可以寫出一百句了！」

此話傳進歐里庇得斯耳裡的時候，他聳聳肩說：「這我完全相信，可是大概只會有三天的生命吧！」

那位詩人可能只是不小心脫口而出，可能千等萬等終於等到這個羞辱歐里庇得斯的機會，也可能他的話被人斷章取義，反正這句話聽進歐里庇得斯耳裡就不是滋味，也難怪他回話時顯得尖酸許多。

有些領域講求快又有效率，有些領域講求慢工出細活，有些領域則完全與快慢無關，看的是創意和內涵。

至少在「詩」的領域裡，作家量產詩句的速度與否，顯然和詩句得以流傳千古與否的相關度極小，甚至可能完全無關的。

寫得多，不代表寫得好，寫得快也不代表寫得好；詩的好壞，和個人的學識經歷與創意天賦才有關係。

歐里庇得斯就是抓住這個重點來加以反擊，順著對方的話頭話尾，表面上贊同，實際上反駁，正是綿裡藏針的一種反擊模式。被反擊的人得要聽得出其中的精妙才能恍然大悟。

這個攻擊想要做得成功，首先態度得要夠誠懇，用語得夠幽默，回應的速度也要夠快，效果才能出人意表，攻擊於無形。

幽默，可以說是一種軟性而有效的攻擊，針鋒相對的回應效果會有折扣，因爲諷刺要對方能聽得懂話裡的含義才能產生影響。會選擇反擊，顯示局勢已經稍

微令自己走向劣勢，而以幽默來回應，則是要在氣度和機敏度上勝過對方一籌，才能成功地扭轉局勢。

用幽默代替沉默的溝通藝術

要學度量長，先學受冤枉；若要度量寬，先學受懊煩。

——呂坤

面對挑釁，要懂得巧妙回應

幽默的語言，是一種奇妙的文字排列，同樣一句話，排列組合稍有不同，聽起來效果就天差地別。

幽默的言談有時候是訓練出來的，是一種高度靈敏的防禦能力。

不中聽的話，惡意的批評，刻意的挑釁等等，都會引發人的怒氣和內心的不愉快，然而，心裡不爽並不代表你只能吃啞巴虧，或是和人大吵一架、大打一場，在許多人際關係的戰場上，你可以選擇以巧妙的言語來回應。

這時候，懂不懂幽默，夠不夠機靈，就攸關你的勝負了。

西元前三世紀，在雅典城裡有位將軍名叫伊菲克拉斯特，出身非常貧苦，完

全是依靠著自己的實力才達到顯赫的地位。

可是，有一個貴族十分眼紅伊菲克拉斯特的成功，故意在背後嘲笑他的出身，大肆嚷嚷說，伊菲克拉斯特不過是鞋匠的兒子，有什麼好囂張的。

話傳進了伊菲克拉斯特的耳裡，當然很不是滋味，即便對自己的出身沒有什麼好羞赧的，但是這種惡意挑釁還是讓人非常不爽。

於是，這名位高權重的將軍便慢條斯理地回敬他說：「是啊，你說得很對，我們的確是不一樣的人。我們兩個之間最大的不同就在於，我的家族從我開始振興，而你的家族卻從你開始敗亡。」

原來，那名貴族是前雅典功臣阿莫迪斯的後裔，阿莫迪斯在兩個世紀前曾經勇敢擊敗暴君海皮亞斯，因為受人敬重而被封為貴族。他的後代在他庇蔭之下享有不少特權，但是家族勢力後來已然式微，所以那名貴族才會故意放話想羞辱伊菲克拉斯特，可惜反而自取其辱。

平白無故遭受屈辱，是可忍，孰不可忍，反擊應該是一種正當防衛。

地位越高的人，越是容易遭受到各種大大小小的攻擊，所謂「高處不勝寒」就是這個道理；然而，也正是因爲地位高，權位重，不能隨心所欲利用自己的權勢來反擊，這個時候，幽默就能夠派得上用場了。

幽默的語言，是一種奇妙的文字排列，同樣一句話，排列組合稍有不同，聽起來效果就天差地別。

伊菲克拉斯特是一位大將軍，手中握有權勢，當然不可一世，但是他卻不能拿自己的權勢來對付那些背後說長道短的人，否則稍有動作可能就會被誣陷羅織罪名，豈不正中惡人下懷？

所以，他改以在言談上作文章，輕描淡寫的一句話就堵得對方臉上無光，既消了氣，又省了麻煩。

防衛，不僅僅只有一種模式，多思考一點，便能奏收事半功倍的效果。

用幽默代替沉默的溝通藝術

我從沒有向人報仇的舉動，當我迫不得已要與人為敵的時候，我所做的最多不過是一些保護自己或防備他們進一步為惡的必要措施。

——貝多芬

威脅也可以說得非常幽默

> 動不動就大聲吼叫，企圖壯大自己的聲勢來威嚇別人，只會有起初的效果，久了人人都知道你只是隻愛吠的狗，誰也不會怕你。

想要在兩軍對峙時取得成功，就得有好的謀略，有時候軟攻有時候硬攻，戰術交相運作，才能夠收得出其不意的效果。

一味的妥協和因應，顯然在主動性上失了先機，可能就得處處受制於人，要想突破這種狀況，就得先下手爲強。

從下面邱吉爾的這則軼事，我們可以知道，威脅不一定要嚴逼武嚇，有時候看似幽默的說法也能讓人警戒在心。

英國首相邱吉爾有一個當演員的女兒名叫薩拉，後來決定要嫁給雜耍演員維克．奧利弗。當時，邱吉爾可是非常不中意這個女婿。

有一天，奧利弗來拜訪，和邱吉爾兩人一同在公園裡散步。

為了增進和準岳父之間的關係，奧利弗想盡了辦法找話題和邱吉爾閒談，於是問邱吉爾在二次大戰中他最敬佩的是哪一位人物。

邱吉爾一邊走著一邊回答：「墨索里尼。」

這個答案讓奧利弗聽了非常驚訝，因為這名義大利法西斯獨裁強人正是英國盟軍的最大敵人之一，他怎麼想也想不到邱吉爾會敬佩他。

邱吉爾接著說：「因為，他有勇氣斃了自己的女婿。」這句話更讓奧利弗嚇得下巴都快掉了下來。

養過狗的人一定知道，愛吠叫的狗，看起來很凶，但多半只有警示作用，除非你逼得牠無路可退，牠才會忍不住咬你。

但是，面對那種低狺的狗，可得小心了，因爲那就是牠發動攻擊的前兆。同樣的，動不動就大聲吼叫，企圖壯大自己的聲勢來威嚇別人，只會有起初的效果，久了人人都知道你只是隻愛吠的狗，誰也不會怕你，反而還會三不五時逗弄你一下，看你氣得跳腳卻拿人一點辦法也沒有。

邱吉爾本來就善於利用幽默的言行來表達自己的想法，就連威脅女婿都可以說得讓人難以招架卻又求告無門。相信奧利弗心裡縱是有百般的委屈，也因爲挑不出邱吉爾的任何一點語病，只能啞巴吞黃連，把苦水往肚裡吞。

誰叫他是老丈人呢？

更何況邱吉爾根本連一句重話也沒說，只是陳述一個事實，因爲墨索里尼

的女婿齊亞諾伯爵確實在一九四四年的時候因賣國罪而被墨索里尼判處死刑。

可是，這句簡單的陳述卻有無數的意涵隱藏在裡面，相信奧利弗即使心裡再不悅，也只敢臉上乾笑而不敢造次吧！

如果我們舉止有禮、言談友善，我們就能粗暴地對待許多人而安然無恙。

——叔本華

保持幽默的想法來面對危機

不論我們願不願意，問題都會發生，我們早晚都需要去面對，冷靜和沉著、樂觀和積極，將是我們處理問題的致勝關鍵。

生命裡不可能總是風平浪靜一路平順，危機隨時都有可能發生。如果我們不能冷靜小心地應付，不但憂慮很容易產生，事情也會越變越麻煩，使得風和日麗的好日子瞬間變天。

但是，哀愁著臉、皺著眉頭，事情還是存在，問題還是需要解決，哭哭啼啼就能把事情處理好嗎？

當然不可能，與其讓心頭佈滿陰霾，倒不如看開一點，保持幽默的想法和樂觀的心情，說不定轉機下一秒就會出現了。

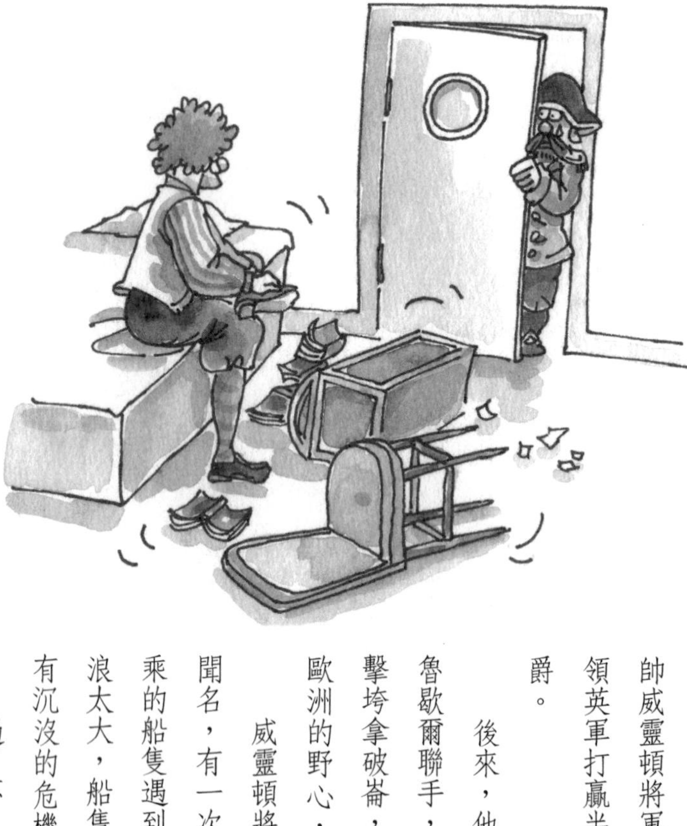

十九世紀著名的英國陸軍統帥威靈頓將軍，曾經因為成功帶領英軍打贏半島戰爭而晉封為公爵。

後來，他又與普魯士名將布魯歇爾聯手，在滑鐵盧之役徹底擊垮拿破崙，粉碎了拿破崙稱霸歐洲的野心，從此聲名更噪。

威靈頓將軍一向以勇猛沉著聞名，有一次海上旅行，他所搭乘的船隻遇到海上風暴，由於風浪太大，船隻危在旦夕，隨時都有沉沒的危機。

過了不久，情況更危急，只

見船長匆匆忙忙跑到威靈頓的艙房，大聲通報說：「糟了，我們就要完蛋了！」

當時，威靈頓正準備要上床睡覺，聽到船長的話，只淡淡地說：「那正好，我就用不著脫鞋了。」

幽默的想法其實是一種能夠適時扶我們一把的潛在助力。把問題想得太複雜，只看到困難的一面，事情還沒開始做，自己先失了一半信心，成功的機率自然也大打了折扣。

相反的，以樂觀的態度來面對，才是解決問題的好方法。即使危機當前，精神緊繃，何妨以幽默來化解焦慮？順其自然，兵來將擋，水來土掩，事情總有撥雲見日的一天。

像故事中的威靈頓將軍，處理危機的能力顯然就勝過船長幾分。反正大家的命都繫在船上，最糟糕的狀況也不過就一同沉入海底罷了，驚慌失措、哀叫哭喊又有何用？還不如把力氣省下來，想想看還有沒有什麼自救的方法，說不定能夠逃過一劫。

瞧他在生死交關的時刻還有心情開玩笑，就可以看出他沉著的功力。

不論我們願不願意，問題都會發生，我們早晚都需要去面對，冷靜和沉著、樂觀和積極，將是我們處理問題的致勝關鍵。

用幽默代替沉默的溝通藝術

世界屬於熱情卻能保持冷靜的人。

——麥克費

別理那些帶著成見處世的人

所謂「虛心求教」，不正清楚說明我們先要將自己的心清出一個空間，才能真正從別人身上學習到一些我們原本沒有的東西？

有沒有碰過一種人，心裡明明早有了答案，還要來請教你的意見。

如果你的回答剛好切合他的想法，那麼彼此相安無事，你只不過是在無形中爲他背了書；如果你的建議和他預想的天差地遠，那麼你必定可以感受得到他從頭到尾的極度抗拒和坐立不安。

這種時候，或許你可以選擇省省你的口舌，不用提出建議，因爲他根本不需要，就算聽了也不會接受。

日本明治時代有一位相當著名的禪師名叫南隱，無論學識和涵養都相當受人敬重，有許多人不惜千里之遠，特地前來向禪師請益。

有一位大學教授，聽聞南隱禪師的聲名，頗不以為然，特地來到禪師的住處拜會，想瞧瞧他有幾分能耐。

可是，自他進門後，有好長一段時間，南隱單單以茶相待，卻不談佛說禪。

這樣的招待讓大學教授不禁感到疑惑，不過，他倒是沒有費事多問，打定主意看看這禪師到底在變什麼把戲。

一連串洗杯、溫杯的動作之後，禪師終於泡妥茶，準備為客人倒茶。

想不到，他一逕地在茶杯裡注入茶水，直到整個杯子都倒滿了還不停手。

教授眼睜睜地看著茶水不停地溢出杯外，再也無法保持沉默，大喊：「別再倒了，已經滿出來了！」

南隱禪師手未停，淡淡地說：「你就像這只杯子一樣，裡面裝滿了自己的想法與看法。如果你不先將自己的杯子空掉，叫我如何對你說禪？」

這位生性高傲的教授想和南隱禪師一較高下，不料卻碰了一個軟釘子。

但是，仔細思索禪師所言，難道不是如此？當你心裡已經裝滿了種種個人的想法，又怎麼能聽得進去別人的說法呢？

所謂「虛心求教」，不正清楚說明我們先要將自己的心清出一個空間，才能真正從別人身上學習到一些我們原本沒有的東西？

禪師毫不客氣地指出教授的問題，言談之中卻不帶半點火氣，以一種幽默的隱喻來提點對方，氣度與修爲果然不同凡響。

這位教授既然有求而來，就應該虛心受教，縱使對於對方的說法難以認同，也該先聽聽對方的說法再詳加斟酌，不該一開始就抱持著挑釁的態度，如此自然惹得對方不悅。

幸好，禪師並不是一個儒弱的人，面對挑戰毫不退縮，還讓對方吃了啞巴虧，這一場拜會究竟是誰教誰領悟了道理，恐怕不言而喻吧！

用幽默代替沉默的溝通藝術

一場爭論可能是兩個心思之間的捷徑。

——紀伯倫

掌握技巧，才能把話說得漂亮

遇上出言不遜的人時，想辦法換個角度故意曲解對方的意思，諷刺得無聲無息卻又恰到好處，就一點也不會吃虧了。

打從小學開始，學校的課程裡就安排了一門「說話課」，大了以後總是不免對這件事情感到好奇，人不是打從出生起就開始學發音、學說話了嗎？話，每天都在說，怎麼到學校裡還得特地學說話呢？

其實，「說話」這件事可重要了，話人人會說，但如何才能把話說得漂亮，就需要下一番功夫鑽研了。

更重要的是，說好話要有技巧，得看情況、看場合、看對象，如果說不好，那還不如別說話來得好。

英國首相邱吉爾曾在七十五歲生日的時候舉辦了一場慶祝茶會，會中邀請了許多政商名流，各大報章媒體的記者們也都到場躬逢其盛。

有一位年輕記者，第一次和首相會面，心裡頗為緊張，交談時忍不住對邱吉爾說：「首相先生，我真希望明年還能來祝賀您的生日。」

聽了這番不吉利的「恭維」，邱吉爾的臉色倒是沒變，只是輕鬆地拍拍那位記者的肩膀說：「記者先生，你這麼年輕，身體看來也還算強壯，我想應該是沒問題吧！」

瞧，這不是說錯話了嗎？

本來是一句恭賀的話，說得不漂亮，反而成了觸人霉頭的話語，被反應靈敏的邱吉爾給調侃了一番，相信這名記者當時臉上肯定是一陣青一陣白，懊悔自己何不乾脆閉嘴，省得出糗。

關於說話不得體的影響，作家邱頓．柯林斯曾經這麼說：「我們的言談給我們帶來的敵人，遠比我們行動贏得的朋友還要多。」

話說得不好的壞處，還有個例子可以佐證。

電影〈喜宴〉裡，男主角的愛人賽門爲了獲得男主角父母的好感，特地準備了禮物。他準備了營養品送給男主角的父親，也準備了面霜給男主角的母親，出發點當然是好的，一個保健身體；一個養護青春，但是，他偏偏正中了兩老的死穴，一個怕人提他的身體不好、行將就木；一個怕人提她青春不再、年華老去，目的當然沒達成，反而造成兩老誤會。

問題就出在他的話說得不夠漂亮。

那麼，當我們在日常生活或社交場合遇上出言不遜的人時，又該怎麼辦呢？

難道只能白白吃啞巴虧嗎？

或許，可以學學邱吉爾用幽默代替沉默，想辦法換個角度故意曲解對方的意思，諷刺得無聲無息卻又恰到好處，就一點也不會吃虧了。

用幽默代替沉默的溝通藝術

每個人都會在自己不感興趣的問題上，以極出色的幽默感去與人爭辯。

——塞繆爾·約翰遜

換個觀點，缺點也能轉換成優點

有勇氣去面對自己的弱點，有魄力去改正自己的缺點，那麼即使有人針對弱點來對付你，你也能以自我解嘲來從容應付。

每個人都會有弱點和缺失，你我都無法否認，這些弱點與缺點，經常會被有心人抓在手上，變成攻擊的把柄。

你當然可以想盡辦法改善你的弱點，也可以努力改進你的缺點，但是有時候來不及改善，適時換個角度和想法，說不定就能將缺點轉換成優點。

這就是幽默的話語和機智的腦袋所能辦到的「不可能任務」。

美國科學家也是最著名的發明家愛迪生，童年時代的生活過得頗為刻苦，為了維持家計，必須到火車上兜售糖果、點心和報紙之類的小東西，以換取微薄的金錢。然而，非法在火車上進行銷售行為，在當時是不被許可的。

有一次，愛迪生在火車上賣報時，不巧被一個力大如牛的列車長逮個正著，那個列車長不只怒聲斥責愛迪生，更不由分說動手打了他一個耳光。

這個粗暴的一巴掌打壞了愛迪生的耳朵，從此愛迪生失去了聽力，變成聾人。

然而，日後愛迪生卻不曾心生怨恨，反倒常在公開場合說：

「我真得感謝那位先生，在這個嘈雜的世界上，是他使我清靜下來，不必堵著耳朵去做實驗了。」

愛迪生一生當中，一共取得了一千多種發明的專利權，其中留聲機的發明讓他最為得意。當時，有人問他為什麼不發明一種助聽器，他

想也不想地說：「你在過去的二十四小時內聽到的聲音，有多少是非聽不可的呢？況且，一個人如果必須大聲喊叫，就絕對不會說謊了。」

若有人在公開場合裡，有意無意拿你的弱點做文章，你該如何反應？會不會像一般人面紅耳赤或支支吾吾地無言以對？

愛迪生選擇以幽默的態度來回應，一方面表現了自己的氣度，另一方面也巧妙地把自己的缺點轉化爲優點，讓人不得不佩服。事情本來就有多種面相，要從哪一個角度看起，全憑你的選擇；選擇不同，答案就全然不同。

有些人總是戴著悲觀的眼鏡看世界，於是看到了絕望，看到了沮喪；但有些人卻能夠戴上樂觀的放大鏡，在絕望中發現處處都是希望。

每個人都有缺點，你何必因爲自己的弱點而自卑？倘若你是個對自己的缺點一無所知的人，相信這個缺點不會爲你帶來任何困擾；如果你很清楚明白，但卻無法改善，或從不同的角度觀看，那麼問題就來了。

當然，問題並非沒有解決之道，怕的是你不敢面對自己的短處，缺點無從

改起，也無法轉化爲優點，在別人面前也只好永遠矮上一截。

有勇氣去面對自己的弱點，有魄力去改正自己的缺點，那麼即使有人針對弱點來對付你，你也能以自我解嘲來從容應付。

用幽默代替沉默的溝通藝術

應該睜大眼睛瞪著困難，衡量困難的大小，對它進行分析。那時，你就會覺得困難並不如它外表看起來那樣可怕。

——諾曼．文森特．皮爾

PART 2

隱喻可以降低對方的敵意

隱喻，是一種幽默的形式，重點就在於不把話意點明，讓聽話者自行決定話語中的意涵，既可以降低敵意，也可以達到目的。

罵人不一定要大聲怒吼

罵人不一定要大吼，一句話可以說起來不慍不火，不帶一點威脅，可是聽起來卻讓人毛骨悚然。

我們無法避開與別人意見衝突的可能性，所以需要學習如何在盛怒之際保持自己的風度，因爲先抓狂的人就輸了。

這個時候，幽默的話語會對你有所幫助，你可以用盡諷刺和隱喻，以翩翩風度把罵人的話說得既漂亮又具備威嚇和警告的意味。

法國國王路易十五有個極愛惹事生非的堂兄，名叫孔泰·德·沙羅萊，不但性格暴虐、脾氣暴躁，更是惡行不斷，幾乎可以說是個惡貫滿盈的人。

他的嗜好是看人受傷受苦，比方有一次，他的車夫不小心撞倒在一個路上行走的修士，那個場面不知怎麼的卻引起他的興趣，非但沒有立刻派人醫治那名被撞傷的修士，反而命令車夫在路上尋找任何一個可能被撞的修士，然後故意把修士撞倒。

又有一次，沙羅萊無來由地愛上看人從高處跌落的姿勢，竟命人擊落一名當時正在屋頂上鋪瓦片的工人。

事情越鬧越大，有人忍不住一狀告到路易十五面前，要他立刻處決沙羅萊以平民憤。

但是，路易十五卻對於該怎麼做感到有點猶豫，因為沙羅萊的背後有著許多貴族勢力在幫他撐腰，才會讓他如此有恃無恐。

後來，路易十五決定原諒沙羅萊，表示對他之前的惡行死刑可免，但是必須負擔他所造成的傷亡賠償和道義責任。

語罷，路易十五冷冷地看著沙羅萊，加上一句附註：「不過，我也會原諒任何一個開槍射你的人。」

俗語說得好：「惡馬總被惡人騎。」

法網恢恢，疏而不漏，沒有可以全然逃脫在外的惡行，也沒有完全無人可治的惡狀，即使逃過得了一時，也逃不過老天的報應。「不是不報，只是時候未到」，這句話說得就是這個道理。

沙羅萊再怎麼囂張，權位總是比不過身爲國王的路易十五，而路易十五即使投鼠忌器，也還是有辦法可以治他，一句話說起來不帶半句威脅，可是聽起來確確實實讓人毛骨悚然。今天沒有辦法動他，不代表永遠沒機會，路易十五等於是默許刺客暗殺，有仇報仇，有冤報冤。如果沙羅萊繼續執迷不悟，被暗槍擊斃的日子恐怕也不遠了。

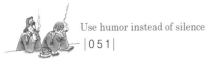

路易十五顧全了沙羅萊的面子，也成功地達到威脅的目的，無疑向我們示範譴責和威嚇的話原來也可以說得如此不慍不火。

用幽默代替沉默的溝通藝術

溫和、真誠的態度，比怒罵的聲音更能征服人心。

——戴爾·卡內基

以含蓄的譏諷表達怒氣

以含蓄的語氣表達自己的怒氣，不是懦弱，也不是退讓，而是一種自我克制的表現；懂得控制自己的情緒，才是真正成熟的人。

所謂人生不如意的事情十之八九，既然不如意所佔的比例這麼高，顯然我們得找些方法來發洩自己的怒氣，否則長期下來，無法排解的情緒堆積在心裡，終究是會出毛病的。

但是，隨便生氣、任意發怒，絕對不是一種想在這個世上好好活著的辦法，遇到不如意的事情，何不利用一點小小的幽默感發洩一下情緒，既不傷大雅，又能減輕心理負擔？

英國第一位獲得諾貝爾文學獎的作家拉雅德．吉卜林，曾經寫下《叢林奇談》、《吉姆》等精采絕倫的作品。

有一次，一家報社不知從哪裡得來他過世的消息，未經求證就刊登在報紙上。

這個事件當然引起吉卜林心裡的不愉快。

但是，吉卜林很有文學大家的風度，雖然心裡頗為生氣，卻沒有任意發飆的意思，也沒有按鈴控告那家報社的打算。

只是，沒多久，那家報社的編輯便收到了一封吉卜林的親筆信。

吉卜林在信上寫道：「由於我剛剛獲悉我已去世的消息，所以請別忘記將拉雅德·吉卜林的名字從貴報社的訂戶名單上劃掉。」

如果吉卜林眞的不介意這家報社的作爲，那麼他沒有必要特地寫信去，寫信的目的當然就是想表達自己內心的不悅。但是，如果眞的刻意去製造什麼衝突，似乎又沒有那麼必要，非但事情本身的嚴重度不高，小題大作恐怕也會讓人質疑堂堂諾貝爾獎得主的氣度。

所以，這封短箋去得理所當然，也恰到好處，既已清楚地表達了吉卜林心底的感受，又不會讓場面變得尷尬到不可收拾的地步。相信那位出錯的編輯以後必定再也不敢如此輕率行事了。

幽默的諷刺和隱晦的譏諷，其傷害的力量嚴格說來是不輸槍炮刀劍的。然而，只有在口頭上作文章，顯示說話者本身的自制能力尚未失控；聽話者倘若能聽得其中的意涵，不論心中作何感受，爲了顧全自己的顏面，大抵也不會當衆發作，一波檯面下的暗潮洶湧就此發生。

以含蓄的語氣表達自己的怒氣，不是懦弱，也不是退讓，而是一種自我克制的表現；懂得控制自己的情緒，才是真正成熟的人。

用幽默代替沉默的溝通藝術

禮貌像只氣墊，裡面可能什麼都沒有，卻能奇妙地減少顛簸。

——約翰遜

換個角度陳述事實

誠實，的確是一種良好的美德，但是不看場合、不夠委婉、直接不修飾又讓人難堪的真話，有很多人在當場是接受不了的。

批評與建議其實是一件非常困難的事。批評得好，不但幫助被批評者檢視自己的錯誤，也提供了妥善的建議；若批評得不好，得罪了人，不但交情破裂，彼此關係生變，對事情本身也沒有實際的助益。

所以，想要讓自己提出的批評成功且有效，又不至於傷及和氣，開口說話的時候，就得多加留意。

十八世紀時有一位歌劇名伶，名叫索菲亞．阿諾爾德，不但歌聲非常動人，在舞台上風姿綽約的演出和迷人的身段，更是風靡了無數的觀眾。

但是，她的喉嚨發生了狀況，治癒之後雖然恢復良好，但是似乎再也不像以往一樣自如地運用她的嗓子。

當她的音樂劇碼再開之時，仍然吸引了大量的觀眾，全場幾乎座無虛席。雖然索菲亞·阿爾諾德的嗓音不似以往，但是她的身段和丰采仍然為她贏得了無數的掌聲。

有一位義大利的經濟學家加利亞尼也赫然在座，這名經濟學者平日在音樂鑑賞方面也頗為權威。演出結束後，阿諾爾德發現加利亞尼在場，立刻前來拜會，客氣地請教加利亞尼，請他評定一下她今晚的演唱成果。

這真是個難題，只見加利亞尼沉思了一下，中肯地說：「這是我一生中所聽過最優美的氣喘聲。」

阿爾諾德是曾經風靡一時的名演唱家，此次復出自然備受矚目，她對於自己的演出表現也必定是極爲重視，因此，她會想聽聽在音樂鑑賞方面頗有名氣的加利亞尼評論是很容易理解的，假若得到了加利亞尼的肯定，就表示她的演出仍在水準之上。

然而，對加利亞尼來說，如此公開的評論卻是一件不容易的事情。

顯然的，阿爾諾德的嗓音確實不如以往，但實話實說，怕阿爾諾德一時臉上無光難以接受，倘若不說實話，又違背了自己的良心和專業素養。所以，他選擇以一句幽默的俏皮話來應對，聽起來像玩笑話，卻包含了某種程度的眞相，語帶批評卻不至於出口傷人。

誠實，的確是一種良好的美德，但是不看場合、不夠委婉、直接不修飾又讓人難堪的眞話，有很多人是接受不了的。實話實說或許維護了眞實，卻傷害了人際關係，得不償失；在這兩種向度之中，到底有沒有妥協的可能？

或許，我們可以在批評之前先想想，我們批評的目的是什麼？是爲了剔除腐肉、清潔傷口，還是爲了折磨對方而在傷口上灑鹽？

倘若只是對對方不滿而口出惡言，那麼這句批評不需要由你來開口，倘若是爲了幫助對方進步，那麼你就該提出建設性的批評。你可以參考一下加利亞尼的做法，從委婉和幽默出發，換個角度陳述事實，在朦朧之中走向眞實。

用幽默代替沉默的溝通藝術

留心避免和人爭吵，可是萬一爭端已起，就應該讓對方知道你不是可以輕侮的。

——莎士比亞

把難題拋回給對方解決

把問題直接丟回給對方，將難題交由對方來解決，詼諧的語句和幽默的反應輕鬆地將對方拋出的球擊回，既不囉嗦又省得麻煩。

也許是因爲溝通不良，也許是因爲彼此不夠了解，當然也可能只是因爲彼此看不順眼，這個時候，你可能會遇上刁難。

難題通常不會沒有解決的方法，而且方法可能有許多種，成效各有不同。但是，惡意的刁難就不同了，解決的方法不只選項大減，更有可能因爲出題者故意隱藏，讓人摸不著頭緒，只能窮著急。

遇到別人故意刁難的時候，你得先冷靜觀察對方的破綻，找機會反將一軍，好讓對方不得不改弦易轍。

十九世紀末到二十世紀初，物理界出現了一線曙光，德國物理學家威廉·康拉德·倫琴於一八九五年時發現一種特殊射線。

這種射線被取名為「倫琴射線」，也就是後來醫學界經常使用的「X光線」，倫琴的發現轟動了整個德國，更震驚了整個物理學界。

倫琴的聲名水漲船高，各地信件也如雪片般飛來，有一次他收到了一封令他幾乎哭笑不得的郵件。那是一封訂購信，信裡表示要向他郵購X射線。

倫琴最後提筆回了一封極為幽默的信，他在信上寫道：「很抱歉，我目前手頭上並沒有X射線的存貨，而且郵寄X射線是一件相當麻煩的事情，因此恕難從命，不如請你把胸腔寄來！」

姑且不論這封來信是當眞還是開玩笑，顯然都是一封辭意表達不完全的信件，所以才會被倫琴抓到語病，狠狠地嘲弄了一番。

解決問題的方法，永遠不會只有一個，全看我們如何選擇。就好像下象棋的時候，對方的車一路直闖禁區威脅將帥，解圍之道除了想辦法把車吃掉或派遣重兵保護之外，還有一個有效的方法，就是先反將一軍，讓對方不得不陣前抽車或是棄車保帥。

倫琴便是把問題直接丟回給對方，將難題交由對方來解決，不管對方是故意刁難還是辭不達意，都讓對方先搞清楚狀況以後再來。詼諧的語句和幽默的反應輕鬆地將對方拋出的球擊回，既不囉嗦又省得麻煩。

言語是人類心智的軍火庫，其中藏有以往的戰利品，及未來的征服武器。

——科爾列治

問題越困難，答案越簡單

只要找對了方法，我們就能夠回答任何一個問題。縱使生活中難題處處，但千萬要相信難題自有簡單之處。

每一天，我們都會面臨到很多的問題，我們可以把問題想得很困難，難得讓自己不敢再多想；我們也可以把問題想得很單純，從容易解決的部分開始解起，難題便能迎刃而解。

一個複雜的結，沒有動手去解，結永遠在那裡，不會消失。只要靜下心，試著從其中一端開始解起，剛開始可能越扯越亂，但是隨著結被扯鬆開來，就能慢慢地理出頭緒。

所有的問題，其實都可以用簡單的方式來回答。

瑞士教育學家斐斯塔洛齊有一次被問了一個意在刁難的問題。

那個人問道：「請教大師，你能不能從襁褓中就看出一個小孩長大後會變成什麼樣的人？」

「當然可以！」斐斯塔洛齊聽了，倒是很乾脆地回答：「這很簡單，如果襁褓中是個小女孩，那麼她長大後一定是個婦女；如果是個小男孩，那麼他長大就會是個男士。」

相信所有的人聽完，一定很想和那個人一樣回答：「這不是廢話嗎？」沒錯，這可能是廢話，但是你能說這不是一個正確的答案嗎？是的，這個答案每個人都知道，那麼你為什麼不敢回答？

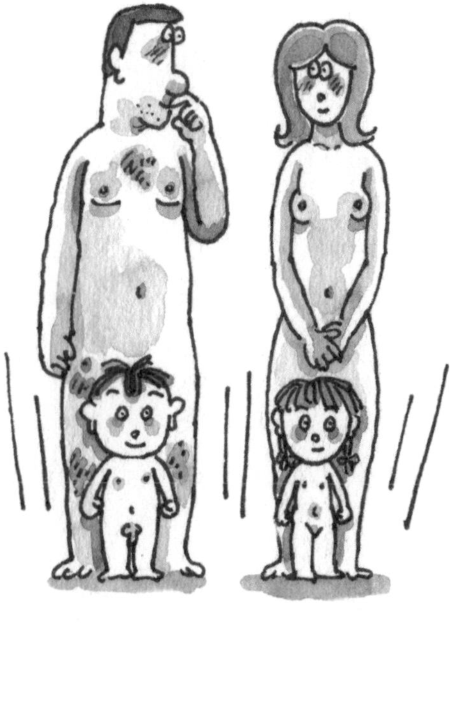

問題之所以困難，往往是因爲我們不願意把問題想得簡單一點，不願意從根本處尋求解決的方法，而又過於顧忌旁邊的枝枝節節，讓太多雜亂的表象把自己的眼睛迷得失去方向。

哲學家們試圖找尋生命的意義，那是一個曠日廢時的艱鉅研究，但是我們細讀哲學家的語言便會發現，他們所探求的問題都是從最基本的開始，從一般人視之理所當然的現象談起。

要相信我們是有智慧的，要相信只要找對了方法，我們就能夠回答任何一個問題。縱使生活中難題處處，但千萬要相信難題自有簡單之處。

真理並不是要從腐朽的書中去尋求，而是要在思想中尋求。

——波斯格言

你可以把禮貌用得更巧妙

你可以選擇在焦躁與衝動的狀態下完成，也可以選擇平心靜氣地完成，但是後者對於環境的和諧必定比較有幫助。

英國維多利亞時代有一種十分獨特的風格，就是極端注重形式，講求繁文縟節，每個人每天做什麼事，符不符合身分地位等等都有極爲嚴格的規定。舉止無禮的人會被斥爲野蠻、粗俗，摒除在社交圈之外。

當然，維多利亞時代及其背後的種種問題弊端已經成爲過去，但是，我們卻不得不承認一點，禮貌在我們的生活中確實佔有舉足輕重的地位。比方說，兩個人發生了爭執，一個風度翩翩、語調輕緩，一個粗魯無文、口吐穢語，以一個完全不明瞭爭執原由的旁觀者來看，會認爲誰有錯呢？

所以，面對無禮的人，你就得以極致的禮貌來對付他。

西元前六世紀，釋迦牟尼經過一連串苦修，終於在菩提樹下頓悟得道。

從一位印度王子到一位得道至尊，他一路走來，並不是全都一帆風順。

比方說，有一次他到了一處城市講道的時候，突然有位男子闖進了講道會場，劈頭就胡亂以髒話把釋迦牟尼罵了一頓，打斷了講道。

釋迦牟尼並沒有阻止那個人的謾罵行徑，也沒有讓人將他趕出去，只是面帶微笑地看著他。

等那個人罵完之後，釋迦牟尼才開口問道：「謝謝您的指教，請問，如果一個人送禮給另一個人，結果受禮人拒絕接受那份禮物，那麼最後禮物應該歸誰呢？」

那個人沒料到釋迦牟尼會突然這麼問他，沒多想就不悅地回答：「當然是歸還送禮的人啊！」

釋迦牟尼點了點頭說：「好吧，我拒絕接受你剛才送我的那些骯髒話，現在就全數歸還給你吧！」

著有《珍珠的選擇》的以色列作家所羅門．伊本．加比洛爾曾經說：「是否能對粗魯者保持耐心，是檢驗良好禮貌的標準。」

從這個標準來看，釋迦牟尼已經通過了考驗，而且在彬彬有禮的態度之下，成功地維護了自己的尊嚴。

做事情的方法有很多種，你可以選擇在焦躁與衝動的狀態下完成，也可以選擇平心靜氣地完成，很難說哪一種方法比較有效率，但是，後者對於環境的和諧必定比較有幫助。

然而，態度和緩並不表示就得當一顆又軟又好咬的軟柿子。你可以想像自己是一顆水蜜桃，雖然外表柔軟，但是對方若有意瞧輕而不明所以地胡亂咬下，中心的硬核肯定令對方牙關發疼，吃盡苦頭。

以有禮的態度來輕蔑對方的無禮，以謙和的舉動來睥睨對方的粗暴，遇到無理的事情，你可以選擇惡形惡狀，也可以捨棄無禮，靜心地用智慧應對。

用幽默代替沉默的溝通藝術

應當耐心聽取他人的意見，認真考慮指責你的人是否有理。如果他有理，你就修正自己的態度；如果他理虧，只當沒聽見。若他是一個你所敬重的人，那麼可以通過討論，指出他不正確的地方。

——達文西

隱喻可以降低對方的敵意

隱喻，是一種幽默的形式，重點就在於不把話意點明，讓聽話者自行決定話語中的意涵，既可以降低敵意，也可以達到目的。

只要是人就會犯錯，當互動對象的言行舉止有所偏差，而你卻不能直言無諱地指責，最好採取旁敲側擊和委婉勸告的方式來進行。

這種情況最常發生在職場裡，在聘僱關係當中，員工發現老闆犯了錯誤，規勸和忠告當然必要，但除非員工已經不在乎這份工作，否則態度上最好不要失了分際。

言談之際保持安全的距離，無論老闆的氣度多大多小，能否聽從勸告，都是老闆自己的事了。

希臘寓言家伊索曾經是一名不自由的奴隸，不過由於他的口才好，頭腦又聰明機智，幾次成功為他的主人分憂解勞，因此頗受主人的信任。

有一次，伊索受命宰了一頭羊，主人命令他用羊身上最可口的部位來烹調一道菜。

沒多久，伊索就端上來一盤由心和舌頭快炒而成的佳餚。主人吃了讚不絕口，大大地誇獎了伊索。

第二天，主人要他改以羊身上最不爽口的部位烹調一道菜。

伊索點頭允諾，過了一會兒，他端上來的竟還同樣是心和舌頭的快炒。

這下主人可納悶了，忍不住問他：「這是怎麼一回事，最可口的部位是這道

菜，最不爽口的部位還是這道菜？」

伊索不慌不忙地回答：「主人啊，如果心地正直、語言公道，這兩個部位便是世上最美好的東西；但是，倘若用心險惡、語言齷齪，那麼這兩個部位便是所有人都討厭的。」主人聽伊索言之有理，便打消了責備他的念頭。

所謂忠言逆耳，由於良言忠告通常是針對缺點而來的批評，雖然很重要，雖然很有幫助，但是一般人很難聽得進去。

有句話說得極妙：「我們對大多數恩人的感激之情，恰似對拔去我們壞牙的牙科醫師的感情。我們承認他們做了好事，把我們從不幸之中解救出來，但我們也會記得他們帶來的痛苦，因而不會十分喜歡他們。」

從這一點看來，我們大概也不難猜出爲什麼歷史上那麼多忠臣最後下場總是很慘，總是在忠臣壯烈犧牲之後，君王才會感慨地追憶他們。

回過頭來看看伊索的故事，主人的命令就算沒有刁難的意思，也有考驗之意，想要看看伊索會如何來解決問題。

所幸，伊索的反應確實夠靈敏，不但以不變應萬變，而且說出一番道理，將隱喻的功能發揮到極致。

隱喻，是一種幽默的形式，重點就在於不把話意點明，讓聽話者自行決定話語中的意涵，如此既可以降低對方的敵意，也可以達到自己的目的。

用幽默代替沉默的溝通藝術

世間有思想的人應當先想到事情的終局，隨後著手去做。

——伊索

良性溝通才是最好的互動

拋開情緒，針對問題來理性處理，掌握彼此尊重以及平和的原則，問題就不需要以爭論來解決了。

有人說夫妻之間床頭吵、床尾和，偶爾吵吵鬧鬧，其實也是增進彼此感情的生活情趣。

這句話聽起來似乎蠻有道理的，但是，仔細一想，卻不禁讓人覺得有再思考的空間。人與人之間會有意見上的歧異，是在所難免的，可是，需不需要以爭吵來決定勝負，恐怕就有待商榷。

吵架的時候，任憑誰也沒有辦法保持禮貌，再怎麼據理力爭、就事論事，也難保情緒失控的時候不會口出惡言。換句話說，每吵一次架，就可能說出一

句會讓自己日後感到後悔的話。

縱使誤會解開，爭執有了定論，彼此和好了，但是兩人之間曾經有過的裂痕，再怎麼修補仍然看得出痕跡，誰也不敢擔保，當下一次的爭執出現，對方不會再重翻舊帳、重提舊事。

如此循環下去，傷害只會一次又一次的加深。

眼前的平和，或許只是假象，唯有雙方仍存有維繫彼此關係的心，才不會輕易讓爭執破壞了和平。可以溝通的時候，就千萬別吵架；感情不見得會越吵越熱，心倒是會越吵越遠。

英國經濟學家希尼．衛布有位賢內助——社會學家碧翠絲，兩人合作無間，不只在學術界都有不凡的成就，對於英國社會主義思想的發展和經濟改革也都有重要影響力。

有人曾經好奇地詢問碧翠絲：「為什麼你們夫婦二人對於一些當代的重要問題，觀點竟是如此一致？」

碧翠絲聽了，笑著說：「我們結婚之前就彼此商量好了，未來在處理重大問題上一定要意見一致，所以由希尼來決定我們該如何投票，而我則負責確定什麼是重大問題。」

她一邊說著，眼睛裡閃耀著慧黠的眸光。

作家諾斯爾曾經說：「經營婚姻生活有點像買彩券，不同的是，如果你沒中獎，可以將彩券撕掉，但婚姻不行。」

碧翠絲．衛布幽默的話語裡，透露了許多夫妻間良好互動的小秘訣。

我們可以看出，衛布夫婦便是良好溝通模式的代表，他們能夠拋開情緒理性處理問題。由他們的做法可以知道，這種良好互動並非空中樓閣，衛布把問題的決定權交到妻子的手上，碧翠絲把溝通模式的決定權交到丈夫手上，兩個

人的意見都受到尊重，問題的本身也多了思考的空間，這也難怪兩人總是能夠保有平和的意見一致。

夫妻之間的問題，關起門來還是得解決，掌握彼此尊重以及平和的原則，問題就不需要以爭論來解決了。

用幽默代替沉默的溝通藝術

相較於對勝利的期望，和平是更好、更安全的。

——李維

用微笑代替發飆的應對智慧

懂得幽默的人，知道如何用微笑代替發飆。懂得幽默的人，知道如何用幽默化解尷尬與窘迫。

遇到不如己意的事情，要當場發脾氣很容易，困難的是克制自己的怒氣，用微笑代替發飆，用幽默解決問題。

機智幽默是人際互動的最佳應變智慧。動不動就發飆，跟別人爆發衝突，不但無法解決問題，更會突顯自己的粗俗幼稚；眞正有智慧的人，即使被激怒，也會選擇用幽默的方式化解可能上演的衝突。

西班牙哲學作家巴爾塔沙．葛拉西安認爲要「允許別人開自己玩笑，但是不要開別人的玩笑」，因爲前者是一種雅量，後者卻有可能令人陷入困境。萬一你不清楚對方容忍玩笑的底限，就可能爲自己帶來麻煩。

在社交場合裡開開小玩笑，自然是無傷大雅，要弄幽默的語言得當，也可以爲自己開拓人際關係。但不要忘記了，玩笑的尺度得要小心拿捏，否則玩笑開過了火，反射回來的箭自己說不定也無法承受。

美國劇作家馬克．康納利最受人矚目的特徵就是他光亮的頭頂一根毛髮也沒有。

他的禿頂有人恭維是智慧的象徵，但總是有不少人會拿來取笑。

比方說，有一天下午他在阿爾貢金飯店喝茶，突然有一位中年人伸手

在他的頭上摸了好幾下，還失禮地想佔他便宜說：「我覺得你的頭頂，摸起來就像我老婆的屁股一樣光滑。」

從來不吃啞巴虧的康納利聽了他的話，立刻也伸手往自己的頭上摸了摸，然後點點頭說：「嗯，你說得沒錯，摸起來確實像你老婆的屁股一樣。」

那個中年人的行為真是極端無禮，言語更是分外粗俗，幸好康納利的性格夠沉穩才能從容應對。康納利更巧妙地運用幽默機智，順著對方話語，反將對方一軍，那個人想佔便宜，卻反而被人佔了便宜。

開玩笑要小心，因爲玩笑開了過頭，非但無益於人際關係的增進，反而會引起許多無謂的紛爭，徒增困擾。

有時候不是我們故意要與人起爭端，但有誰會心甘情願受人侮辱？謙讓忍耐到了一定程度，就得改弦易轍，否則豈不是被人當成了軟腳蝦！

該反擊的時候就要反擊，切莫遲疑，更要掌握時機、形勢，讓所有局面的優勢移轉到我們身上。

無傷大雅的玩笑，爲了維護氣氛融洽當然可以不計較；保持風度，維持謙恭，也是表現出我們的格調；但是對方眞的過分，就要以其人之道還治其身，別悶不吭聲地吃啞巴虧，畢竟再怎麼尊重對方，也不能放棄自我的尊嚴。

懂得幽默的人，知道如何用微笑代替發飆。懂得幽默的人，知道如何用幽默化解尷尬與窘迫。動輒與人爆發口角，只會遭到別人鄙視，懂得運用機智和幽默來化解衝突的人，才是眞正有智慧的人。

PART 3

要識時務，也要扭轉情勢

局勢不利於己的時候，要懂得引導形勢，眼光要看得比別人遠，腦筋要動得比別人快，才能立於不敗之地。

有時以退為進，有時以進為退

有時候，一味的強求不一定有用，或許反其道而行，反而會得來意想不到的效果。

漢代開國功臣韓信是個用兵高手，曾經想過一個謀略讓劉邦的軍隊繞過項羽的監視，發動突襲，得了戰功。

這個戰略名爲「明修棧道，暗渡陳倉」，表面上派兵修復棧道，其實兵員和糧草暗地裡前進陳倉，成功的掩人耳目，達成目標。

這個遮掩眞實意圖的方法，不只在打仗的時候好用，對於處理煩雜的人際關係也不失爲良方。

十九世紀英國詩人羅伯特·布朗寧最擅長寫長詩，只要一作起詩來就沒完沒了，從來不知厭倦。

不過，在社交生活裡，他卻最憎惡任何無聊的應酬和閒扯。

有一次他又不得不參加一場社交聚會，在會場被一名紳士拉住，這個人自稱是他的詩迷，一拉住他便滔滔不絕地就布朗寧的作品提出許多問題。

可是，這名紳士東拉西扯了一大堆，布朗寧既不知他為何而問，也不知問了何用，更不知從何答起，聽久了便覺得十分不耐煩，當下決定要一走了之。

於是，他打斷那人的話，以極有禮貌的態度說：「親愛的先生，請原諒我一個人獨佔了你那麼多時間，現在我該把這個機會讓給別人了。」

布朗寧的口吻幽默，表面上好像不好意思耽誤了對方太多時間，實際上卻暗自竊喜終於脫離苦海，這又是個「明修棧道，暗渡陳倉」計謀成功的例子。

有時候，一味的強求不一定有用，或許反其道而行，反而會得來意想不到的效果。所謂「以退爲進」就是這個道理，當然，有時候「以進爲退」也不失爲妥善的保全之道。

生活裡的謀略也數不盡，沒有萬無一失的策略，也沒有毫無用處的計謀，端看我們如何靈活去運用，因時制宜，見機行事。

用幽默代替沉默的溝通藝術

一個非常的成功者，一定有著當機立斷抓住時機的能力。

——拿破崙

利用幽默的言談轉移焦點

在社交場合裡，懂得視對象不同把握幽默的分際與分寸，更能成功地經營自己的社交生活。

在群居的社會裡，人與人之間需要互助合作，當然少不了社交活動。然而，只要有社交活動的場所，我們就不能缺少幽默感與幽默的言談技巧。

妥善地把握了這個技巧，就可以將社交言談的脈動掌握在手裡，自由地主導話題、轉移話題。

想要改變形勢，就得把主導權掌握在自己的手裡，有時候必須以強勢的態度令對方屈服，有時候適合採委婉的手段引導對方走向自己設定的方向，更有時候要佯裝謙卑引君入甕。

談話時也一樣，當你對談論的內容不感興趣的時候，不妨利用幽默的語法，巧妙地轉移話題，讓對方既明白你的意圖，也不至於感到尷尬。

十八世紀英國文學家塞繆爾．約翰遜，也是一位語言學家和新聞記者，曾經在一七五五年編訂了一套《英語語言詞典》，這本詞典對於當時的英國學界影響極大，頗受好評。

有一次在一個社交場合裡，有兩位女士一同來向約翰遜致意，她們大力讚美詞典本身的價值，除此之外，更特別讚賞約翰遜在詞典裡刪除了許多不雅、猥褻的用語。

約翰遜並不想在公開場合裡和兩位女士討論這種淫詞穢語的事情，靈機一動，故作驚訝地問：「喔！親愛

的，這麼說，妳們都已經找過那些詞囉？」

兩名女士聽了，立刻羞紅了臉，連忙轉移話題。

在社交活動中，往往會有不得不出言諷刺的時候，可是說話太尖刻、挖苦他人，反而顯露出自己的器量不夠，所以適度在話語中添上了幾分幽默的色彩，就可以讓諷刺的意圖提升到不同的層次。

當然，在實際的社交場合裡，懂得視對象不同而把握幽默的分際與分寸，更能收得良好的效果。因人、因事、因時、因地，視不同的需求展現不同形式的幽默，更能成功地經營自己的社交生活。

用幽默代替沉默的溝通藝術

最有希望的成功者，並不是才幹出眾的人，而是那些最善於利用每一個時機去發掘開拓的人。

——蘇格拉底

用幽默的態度回敬別人的蔑視

如果不為自己的尊嚴奮鬥、爭取，便是給了別人蔑視你的機會。這種觀感與印象一旦成形，再也不會有人敬重你。

每個人都希望自己被人尊重，但是，想要得到別人的尊重，不是隨口說說就行了，也不是銜著金湯匙出生就算；無論你是誰，無論你出身如何，你都可以從尊重自己開始，進而獲得別人的尊重。

因爲，自己的尊嚴要靠自己爭取與守護。

在歷史上，黑人經常受到白人的歧視。在一次大戰的時候，有一名黑人少校軍官在路上與一名白人士兵狹路相逢，白人士兵明明已經看見少校迎面而來，但是他見對方是名黑人，就故意不對上校敬禮。

只見他旁若無人地與對方擦身而過，而後，身後傳來一個低沉而堅定的聲音：「請等一下。」

那名白人士兵聽了，不耐煩地停下腳步，回過身來，一臉挑釁。

黑人軍官不慍不火地開口：「士兵，你剛才拒絕向我行禮，我並不介意，但是你必須明白，我是由美國總統任命的陸軍少校，而這頂軍帽上的國徽則代表著美國的光榮和偉大。你大可看低我，但身為美國士兵的你卻必須尊敬它。現在，我把帽子摘下來，請你向國徽敬禮。」

那名士兵知道自己理虧，只好向軍官行禮。

這名行事不卑不亢的黑人少校，就是後來成為美國歷史上第一位黑人將軍的班傑明．戴維斯。

英國知名學者湯恩比曾經如此對「尊嚴」下過註解：「尊嚴不是相對的，而是絕對的。任何有價值的東西，都不能代替尊嚴和榮譽。」

人若是為了獲得財產和社會地位，甚至為了保衛自己的生命而出賣自尊和榮譽，不僅要受到別人的蔑視，而且也要受到自己的蔑視。

喪失尊嚴和榮譽，換來的只是道德上和肉體上的怯懦。尊嚴是任何東西也替代不了的，一旦失去就再也無法挽回。

換言之，如果不為自己的尊嚴奮鬥、爭取，便是給了別人蔑視你的機會。這種觀感與印象一旦成形，再也不會有人敬重你。

戴維斯以幽默卻堅定的口吻，令該名白人士兵不敢不向他敬禮，在於他明白行禮與否雖然是形式，但是這也是態度的問題。

他的成功，不只來自於他的自信，也來自他對自己的定位；他不曾看輕自己，當然也不會容許別人看輕他。

戴維斯的成功，值得我們學習；戴維斯看重自己的態度，和不卑不亢的行事原則，更是我們應該主動去學習的。

用幽默代替沉默的溝通藝術

人假使沒有自尊心，那就會一無價值。

——屠格涅夫

狂妄暴露了你的脆弱

一個驕傲的人，看不見自己的弱點，也瞧不見自己的盲點，當然就避不開來自眼界未及之處的攻擊。

相信人人都聽過「驕兵必敗」這句成語，對自己有信心是一項成功的要點，但是過度自我膨脹顯然便是缺點了。

比方說，進行研究的時候，我們不可能全盤創新，一定是站在前人的肩膀上眺望，才能看得更高更遠。前人所累積的智慧與經驗能夠幫助我們發現新方法，避開舊錯誤，所以，好好地進行文獻探討，或許你會發現自己的能力與想法不過滄海中的一粟。

當然，就算我們只不過是滄海中的一粟，卻依然保有自我的價值，重點就在於我們如何虛心地與別人交流，如何彼此激盪出知識的新火花。

十八世紀的英國文學評論家理查德．波爾森，對於古希臘文學有極精深的研究，在學術界裡也頗具盛名，稱得上是當時的古希臘文學權威。

有一名年輕學者自認對古希臘文學頗有心得，又聽聞波爾森的盛名，便主動提議與他共同研究，帶著自己的研究計劃前來請波爾森指教。

波爾森耐心地聽完他的分析，認為年輕學者所知仍不夠豐富，但在言談間卻處處透露著自負，對於他的狂妄和不自量力相當反感。

於是，波爾森忍不住對他說：「你的建議非常有價值，因為把我所知道的和你所不知道的部分加在一

起，將會是一本曠世鉅著。」

相信那名年輕學者聽了波爾森的這番話，一定覺得面子掛不住，但是他之所以得到這樣的待遇卻怪不得別人，因為是自己的態度出問題，引起波爾森的反感，才故意諷刺他。

英國辭典作家富勒曾經諷刺地這麼說：「**愚人的名字，就像愚人的面孔，總是出現在公共場所。**」

愚人的特徵是無知，卻狂妄得自以爲無所不知。

學海無涯，知識無疆，相信沒有人敢自稱無所不知，就算是針對某個專業領域研究的學者，也不敢說自己對該領域完全了解透徹，反而是越深入探究越發現自己不足，越深入鑽研越明白它的浩瀚無垠。

有開創性思想是好的，有批判性精神也是好的，但是毫無來由的狂妄反而突顯出背後的脆弱與不足。一個驕傲的人，看不見自己的弱點，也瞧不見自己的盲點，當然就避不開來自眼界未及之處的攻擊。

越是飽滿的稻穗，越是接近地面；越是研究透徹的人，越是懂得謙卑；虛心，不是虛僞也不是自輕，而是懂得在傾聽與思考之後，再下判斷。

用幽默代替沉默的溝通藝術

對上級謙恭是本分，對平輩謙恭是和善；對下級謙遜是高貴；對所有人謙遜是安全。

——亞里斯多德

誰開你玩笑，就把玩笑開回去

忙碌的日常生活壓力，讓我們變得嚴肅；笑容能軟化我們臉上的稜角，驅走我們心中的愁緒。

生活裡有著種種壓力，逼得我們不得不去面對現實。我們生存在這個社會上，勢必得去面對一些共同的社會價值，像身材是許多人津津樂道的話題，也是許多人避而不談的話題。

男人要長得高大壯碩，女人要窕窈嬌媚、天使臉孔魔鬼身材，這樣的價值觀念使得衆多健身中心、瘦身機構紛紛成立，使得許多人爲了外貌的問題苦惱。

其實，胖瘦高矮，先天的體質早有定論，本來就各有各的樣，我們又不是工廠生產的產品，怎麼能夠只以一種標準來衡量？所以，萬一有人拿你的身材問題開玩笑，何妨運用一點幽默感，把玩笑開回去！

愛爾蘭劇作家蕭伯納是一位個子非常高的男士，但是身材非常瘦削；至於英國作家也是評論家切斯特頓則和他相反，高大的身材卻非常壯實，每次兩個人站在一起，對比總是特別鮮明。

有一次，蕭伯納開玩笑地對切斯特頓說：「我要是像你那麼胖，我就會去上吊。」

切斯特頓聽了這話，不怒反笑，回敬說：「要是我想上吊，一定拿你來當上吊用的繩子。」

兩個人一來一往，誰也沒吃虧，也沒誰佔到了便宜，但是我們卻能從這一段對話之中發現，兩位作家都是極具幽默感的

高手。

蕭伯納建議切斯特頓上吊，目的就在強調他身材那麼胖，上吊的話肯定死不了；至於切斯特頓也不甘示弱地回敬，蕭伯納的身材細得像枝蘆葦，正好能拿來當上吊繩。

蕭伯納和切斯特頓兩個人都拿對方的身材做文章，但是用語卻幽默得讓人捧腹，減緩了嘲弄的意味，增添了不少趣味，相信看過他們兩人互動的人，一定備覺貼切、有趣。

日本有一類綜藝節目，內容主要安排藝人搞笑，有人說單口相聲，有的做兩人對談，當然也有整組人馬一同說學逗唱，目的都在於利用幽默的對話與動作來令觀眾發笑，劇情有別於一般俊男美女談情說愛的感人落淚。

在美國脫口秀的主持人更是聲望勝過不少電影明星，可見得一般普羅大眾對於笑聲的需求程度之高了。

忙碌的日常生活壓力，讓我們變得嚴肅；笑容能軟化我們臉上的稜角，驅走我們心中的愁緒，保持幽默感更能夠讓我們以不同的角度來看待事情，生活也就不至於過度呆板了。

覺得生活太過緊繃了嗎？覺得心情過於沮喪嗎？覺得日子有點無聊嗎？那你該找個時間好好的笑一笑了，也許就試著從開個幽默的玩笑開始吧！

用幽默代替沉默的溝通藝術

笑就是陽光，它能消除人們臉上的冬色。

——韓國諺語

要找藉口，就不要賣弄小聰明

當我們絞盡腦汁、努力去想藉口和理由的時候，其實我們反而暴露出自己，只是想藉由說服別人來說服自己。

遇上棘手又麻煩、甚至超乎自己能力的事，只有兩種面對的方式，一是硬著頭皮承接下來，另一個則是想辦法找藉口開溜。

我們當然不鼓勵大家沒有責任感地推託了事，但是有些事就是不做要比硬做來得好，這個時候拒絕可就要很有技巧了。

據說，有一次英國首相邱吉爾召見蒙哥馬利將軍，言談之間，邱吉爾忍不住建議蒙哥馬利多研究一下邏輯學，好有助於戰略思考。

但是蒙哥馬利一向對於邏輯學毫無興趣，很擔心自己會陷入其中反而糾纏不清，便想找個藉口來推託。

他說：「首相先生，你聽過這樣一句諺語嗎？所謂『了解和親暱會產生輕蔑』，也許我越是研究邏輯，便會越加輕視它。」

邱吉爾聽了取下煙斗，對蒙哥馬利說：「你說得很對，不過，我要提醒你，沒有一定程度的了解和親暱，什麼也不會產生出來。」

蒙哥馬利之所以藉由諺語的比喻來回答，一方面想找藉口推掉一件自己不感興趣的苦差事，另一方面也想表現出自己不是只會打仗的莽夫，因此稍微賣弄一

下文采。

顯然，蒙哥馬利這個藉口不只想得不夠好，而且弄巧成拙，不然也不會被邱吉爾三言兩語就以幽默的反語輕鬆化解，讓他更顯得顏面無光。

英國作家伯斯金．史蒂芬森曾說：「在小事上吹牛的人是傻瓜，至於在大事上吹牛的人則是超級大傻瓜。」

大家都知道吹噓是不好的習慣，但是，偏偏很多時候我們的腦袋就是管不住嘴巴，爲了顯示自己並沒有矮人一截，故意賣弄小聰明，甚至試圖藉由詭辯來抬高自己的身價，殊不知，在別人眼裡只是個裝腔作勢的傻瓜。

《智慧書》的作者葛拉西安曾說：「不要為了免俗而玩詭辯之術。」

這句話強調，詭辯在乍聽之下可能蠻有道理的，但若是被揭穿了卻反而會自取其辱。至於採取詭辯的人，多半判斷力不夠健全，而且不知謹言愼行。

換言之，當我們絞盡腦汁、努力去想藉口和理由的時候，其實我們反而暴露出自己，只是想藉由說服別人來說服自己。到頭來，別人對我們的把戲早已看得一清二楚，眞正受騙上當的只有自己。

或許，眞正的解決方法就在於不要刻意客套，不喜歡就說不喜歡，不願意就說不願意，做不到就說做不到，而不要光是唯唯諾諾、不清不楚地打迷糊仗，甚至賣弄小聰明，萬一西洋鏡被拆穿了，也就糗大了。

用幽默代替沉默的溝通藝術

所以，並不是我們受騙，而是我們欺騙自己。

——歌德

要識時務，也要扭轉情勢

局勢不利於己的時候，要懂得引導形勢，眼光要看得比別人遠，腦筋要動得比別人快，才能立於不敗之地。

即使是百戰皆捷的勇將，也不敢打包票自己下一場戰事一定成功。勝敗乃兵家常事，每一場戰役都可能會有不同的結局，贏了這一場，不一定贏得了下一場，同樣的，輸了這一場，不代表場場皆輸。

但是，眞要說起來，我們還是可以算得出競爭的勝率，勝率大的表示成功的次數相對多，未來成功的機率也相對大。

勝率高的王者擁有的不只是良好的資質和運氣，更重要的是有識時務的本領和善於運籌帷幄的技巧。

美國獨立革命時代有一位重要將領名叫普特南，投入軍旅生涯相當久，立下不少戰功，早年更參加過法印戰爭。他在法印戰爭期間有一次與人發生齟齬，結果造成一名英國籍少將對他提出決鬥的要求。

普特南很清楚對方不論實力或是經驗都在自己之上，如果真要打起來，自己能夠獲勝的機會其實很小。

於是，他要求選擇決鬥的模式，而對方也答應了。

那名英國少將隨他一起來到帳篷裡，只見普特南推出了兩個小型炸藥桶，上頭都接了一根極長的引線。

普特南提出的決鬥的方式為兩人分別坐在炸藥桶上，點燃引線，誰先移動了身體就算輸。少將已經答應由普特南決定決鬥的方式，眾目睽睽之下，再怎麼不願意也已經無法反悔。

於是，導火引線被點燃了，只見英國少將臉上越顯不安，而普特南則悠然抽著煙斗，看起來氣定神閒。

隨著引線緩緩被燒熔，變得越來越短，許多旁觀者都忍不住往外逃，終於那名少將再也忍受不了，從桶上跳起來將引線踩熄，不得不承認自己輸了。

普特南笑著迎接勝利，輕輕踩熄即將燒到盡頭的引線，而後小聲地在少將耳邊說：「其實，桶子裡裝的是洋蔥，不是炸藥。」

相信大家一定能想像那名少將當時會是如何一副灰頭土臉的表情吧！

沒錯，他是被普特南惡整，吃了一頓悶虧，但是這樣的結果卻不能單怪普特南狡詐，而得怪他自己太過自恃。如果不是他自以爲在各方面都勝過普特南，絕對不會輸，又怎麼會將決鬥的形式交由普特南來決定呢？既然交出了決定權，就等於是把命運交到了對方手上。

反觀普特南，則非常識時務，懂得審時度勢，發現局勢不利於己的時候，能夠運用計謀將形勢導向對自己有利的環境。最後，他不只順利危機化解，還反過頭來贏得勝利。

這個故事不只提醒我們要謹慎小心，不要犯了驕傲的大忌，更告訴我們眼光要看得比別人遠，腦筋要動得比別人快，才能立於不敗之地。

用幽默代替沉默的溝通藝術

沒看清楚不要喝，沒讀明白不要簽字。

——西班牙諺語

用幽默替生活製造更多「笑」果

擁有幽默的思維，在待人處世上就不會一成不變，對於許多既定的成規也多半會帶有顛覆的眼光去看待，換個方式思考。

根據醫學研究顯示，笑聲可以治療精神緊繃的狀況，也可以減低憂鬱症的發生。

能夠在生活裡多發出開懷爽朗的笑聲，舒緩彼此間的緊張氣氛，既是幫助自己，也是幫助他人。

越是懂得幽默的人，越能在生活中尋找樂趣，製造更多笑果。

美國發明家愛迪生在鄉間有一幢避暑的度假別墅，到了夏天，經常邀請許多人一同前往參觀。

度假別墅當然也很有愛迪生的風格，屋子裡到處都是各種發明和省力設備。其中有個地方，在入口處設計了一個槓桿，想要通過的人必須將槓桿移開才能走過去，而且想要轉動那個槓桿，每次都得費上很大的力氣。

幾次之後，有人就忍不住問愛迪生那個設計到底有什麼用，為什麼屋子裡到處都是省力的新發明，就偏偏這個槓桿是又費力又笨重？

愛迪生聽了，若無其事地回答說：「喔，是這樣的，每個把槓桿轉了過來的人，都能透過幫浦，幫我在屋頂上的水箱汲入八加侖的水。」

大家發現自己竟在不知不覺中成了

愛迪生的「汲水工人」，都感到很訝異，又發現原來只要將槓桿轉動一次就等於在屋頂提上八加侖的水，不禁對愛迪生的發明技巧感到嘆服不已。

從這個小故事，我們可以看出一個對發明著了迷的科學家如何將創造力應用到生活當中，而且樂此不疲。

前蘇聯著名詩人兼思想家普里什文曾經如此說道：「生活中沒有哲學還可以應付過去，要是沒有幽默，只有愚蠢的人才能生存下去。」

確實如此，幽默會讓人擁有更豐富的領悟力和創造力，要是不懂得幽默，那麼，我們就只能生活在僵化和沉悶的世界。

相同的，擁有幽默的思維，在待人處世上就不會一成不變，對於許多既定的成規也多半會帶有顛覆的眼光去看待，換個方式來思考，這不就是一種創造力的積極表現嗎？

創意，來自於對過往的創新。

不同以往的做法和不因襲傳統的想法，同樣一件事情就可能有新的發現與發明。想要成爲一個有創意、懂得創新的人，得先學會以幽默的思維來生活。試過幾次之後，你便會發現，當你換了一副新的眼鏡，你所看到的世界將更爲清晰，也更爲透徹。

打破常規的道路指向智慧之宮。

——布萊克

PART 4

用幽默的話語表達自己的誠意

我們不需要強迫自己偽善，但我們可以想辦法不做壞人，在能力範圍內予人方便，幫人一把。

用幽默的話語表達自己的誠意

我們不需要強迫自己偽善，但我們可以想辦法不做壞人，在能力範圍內予人方便，幫人一把。

甜言蜜語，雖然頗為空泛，可能也沒有什麼營養，但是，就像糖蜜一樣，大部分的人都喜歡，對每個人來說，也是不可或缺的事物。

說好話，可以幫助你融合人際關係之間的落差，可以幫助你連結人與人之間的距離；話說得好，有時候不只能幫助你登上青雲，甚至能獲利良多。

當然，得人好處之後，更不可忘記要誠懇地表達自己的謝意，吃人嘴軟，好話可千萬別忘了說，更要說得幽默，讓人聽了甜蜜、開心。

十八世紀一位頗為著名的英國詩人理查德．薩維奇，也是知名的諷刺作家，據說他有一度在倫敦過著窮困潦倒的生活，不只飢寒交迫，連飯都吃不飽，還生病了。病得重的時候，幾乎要蒙主寵召，幸而診治醫生高明的醫術才得以救回一命，漸漸康復。

病是治好了，可是錢就是付不出來，醫生幾次派人送來催討診費的帳單，薩維奇都一拖再拖，就是付不出錢來。

到後來，醫生實在急了，也顧不得禮貌，直接衝到他家裡來，大吼：「你要知道，你欠了我一條命，我希望你能有所報答！」但是薩維奇身上根本一毛錢也沒有，怎麼付這筆費用呢？

於是，他對醫生說：「是的，我欠了你一條命，為了證明我對你的細心診治不是無所報答，我願將我的一生奉獻給你。」

後來，醫生離開薩維奇住處之時，手上多了兩卷書冊，書名為《理查德·薩維奇的一生》。

醫生本來就不是硬心腸之人，否則不會秉持著醫者的仁心仁術爲薩維奇醫治，肯定是在金錢上也同樣面臨了困境才會一再向薩維奇催討。

只是，到了最後，這位醫生縱使心中百般不情願，對於薩維奇誠意的致謝大概也只能苦笑著收下了。因爲，就算當場把薩維奇掐死，也拿不回半毛錢，倒不如做個順水人情，就當爲自己積福吧！

人，當然不能活在現實之外，沒有多少人能夠在自己快餓死的情況下把手裡的麵包放到別人嘴裡，但是，也沒有多少人會在別人飢寒交迫的時候，把對方身上的禦寒之物奪走。我們不需要強迫自己僞善，但我們可以想辦法不做壞人，在能力範圍內予人方便，幫人一把。

今天我們付出，誰知道明天我們會不會得到回報，但是在當下，我們能夠體會到分享的快樂，不必面對剝奪的罪惡感與愧疚感，能夠如此也就足夠了；今天我們受惠，誰知道未來我們有沒有機會回報，但是在當下，我們誠心誠意的致謝，未來想盡辦法回饋，能夠如此也就足夠了。

你可以不用刻意當好人，但是沒有必要逼自己做壞人。

用幽默代替沉默的溝通藝術

你助人，然後人人助你，這是鄰里之間互愛的原則。

——尼采

請求，千萬不能強人所難

想要請求成功，首先得要投其所好加上態度誠懇，得到對方好感之後彼此的距離拉近了，也比較好說話。

我們每一個人都無法全知全能，總是會有力有未逮的時候，這種時候難免需要別人的幫忙。

開口求助並不是一件丟臉的事，自己不擅長處理的，若可以交由擅長的人來處理，豈不是兩全其美？

然而，開了口卻沒有辦法獲得協助，則是一件令人沮喪的事。想要不讓對方二話不說一口拒絕，或許你得重新檢視一下請求的做法與態度。

有些人對於拒絕不太拿手，很難說「不」，這種人你只要放軟身段、夠有耐心，通常就能夠獲得幫忙。有些人則相反，他們習慣拒絕、討厭麻煩，所以你勢必得多花點心思。

最重要的關鍵是，千萬不要讓對方感受到你是在「強人所難」，否則你大概會得到一百次拒絕。

海明威在美國居住的時候，剛好遇上州長選舉。有一名候選人聽聞海明威的聲望，想請海明威幫忙背書，利用他的名氣拉抬聲勢，於是立刻登門拜訪。

海明威聽了他的來由之後，答應第二天派人把助選的文章送去。

果然，第二天一清早他就收到海明威送來的一封信，高興地拆開來一看，竟是海明威的妻子以前寫的情書。

他看了嚇一跳，還以為是海明威匆忙之中弄錯了，連忙派人將原件退回，並再寫了一張便條請海明威幫忙。

沒過多久，信差便帶著海明威的第二封信回來了。他趕緊拆開一看，這次竟然是一張遺囑。

這他可不懂了，外套一穿，決定親自跑一趟，找海明威問一問究竟。

海明威不置可否地聳聳肩說：「我家裡除了情書以外，就只剩下遺囑了。你叫我還能拿什麼東西給你呢？」

他聽了，知道海明威無意幫忙，只好摸摸鼻子走了。

從這個故事裡，人人都能明瞭海明威如何擅長拒絕了吧！他以欲拒還迎的態度讓人摸不著頭緒，繞來繞去到最後才明白自己是被耍了。

當然，這名候選人若不是過於遲鈍就是臉皮太厚，否則也不會在第一次收到海明威妻子情書時還不明瞭海明威的拒絕，最後灰頭土臉只能自認不夠聰明。

想要請求成功，首先得要投其所好加上態度誠懇，得到對方好感之後彼此

的距離拉近了，也比較好說話。再來就是千萬不可以躁進，一旦對方感受到被施壓或強迫的感覺，就會產生反感，這一趟請求行動多半也是徒勞無功。

還有一個小技巧是從對方的需求下手，營造出一種利益交換的合作氛圍，也能夠放鬆對方的防備之心。

當然，如果你的請求成功了，最好懂得知恩圖報，否則就自絕未來之路了。

很少有東西是不能通過勤奮和技藝獲得的。

——塞繆爾．約翰遜

主動爭取你要的幸福

能夠被愛是幸福的，能夠愛人也是幸福的，重要的是，能不能積極且主動的為自己營造幸福的環境。

每個人都渴望擁有幸福，每個人也都在追求幸福。到底幸福在哪裡？到底幸福是什麼模樣？到底怎麼樣我才能擁有幸福？

這看起來是一道很困難的題目，因爲每個人對幸福的感受都不相同，每一個人對幸福的渴望也不一樣，每個人對幸福的期許也不盡全然相似，那麼究竟怎麼樣才算是幸福呢？

答案其實很簡單，幸福的模樣就在你我的心裡，想要得到幸福，就要主動去爭取、去追求，當你在心裡感受到的是快樂、是美好，這個時候，幸福就已經住進了你的心底。

有一位名叫馬克・韋恩・克拉克的美國將軍曾經被人問到這樣一個問題。

「請問，在別人對你提出的忠告當中，你覺得哪一個是對你最有益的？」

克拉克想了想，回答說：「我所得到的忠告裡，最有益的一句是：和這位姑娘結婚吧！」

「喔？那是誰提出來的呢？」那人又問。

「正是那位姑娘自己。」克拉克面帶笑容地說。

好一個勇敢追求幸福的姑娘！

喜歡一個人，能夠勇敢地說出來，是很值得鼓勵的行動，是很健康的，不必感到不好意思。一個人能夠知道自己是被人喜愛的，也應該是一件值得高興的事，應該坦然接受。

像故事中克拉克和他的妻子能夠結為連理，便是一個快樂且幸福的結局。

當然，喜歡和愛是不同的，喜歡可以單方面的喜歡，但愛情卻要兩顆心的互許，才能相愛。萬一，我們喜歡的人不愛我們，該怎麼辦呢？

不怎麼辦，你還是可以繼續喜歡對方，祝福對方找尋到眞心所愛，當對方感受到喜悅與快樂的時候，你的心裡應該也是快樂的。

如果只因爲對方無法喜歡自己就將愛意轉爲恨意，甚至心生報復或強迫，那麼這種喜歡和愛未免過於淺薄。

威廉．薩克必斯．撒加利曾經說過：「愛人而得其人之愛，是最幸福的；愛人而不得其人之愛，是其次的幸福。」

能夠被愛是幸福的，能夠愛人也是幸福的，重要的是，能不能積極且主動

的爲自己營造幸福的環境。

如果，這份愛意和喜歡永遠放在心底當成秘密能夠令你感到幸福，那麼你大可永遠不說；如果愛情的苦惱在你心裡來來回回，令你輾轉反側，那麼何不大膽說出來，是好是壞也有個結果。你可以決定自己的幸福，只要你先決定了自己的心意，決定了自己的做法。

如果我們沒有創造幸福生活，我們就沒有任何權利享受幸福；這正和沒有創造財富無權享受財富一樣。

——蕭伯納

苦笑總比生氣好

沒有人永遠都能一帆風順，也沒有誰非得長久吃癟，現在或許烏雲罩頂，但只要忍個幾天，早晚都會雲淡風輕。

每天的生活裡，討厭的人事物很多，會讓你生氣的事情可能也不少，但是，你眞的想讓怒氣主宰你的生命嗎？

人哪有不生氣的，遇到令人憤恨難平的事，怎麼能不宣洩情緒呢？但是，排解情緒的方法有許多種，爲什麼一定要執著在生氣這個項目上？

眞的不顧一切地宣洩完了情緒就能解決問題嗎？是不是再氣也得從頭來把事情處理好呢？

如果是的話，那麼剛剛那場氣會不會白生了？萬一不小心波及旁人衍生事端，該找誰來賠呢？

自我解嘲是一種自我平復的手法，目的就是在於幫助自己逃離那些不滿的情緒；當然，更積極的做法就是想辦法重新出擊囉！

據說，十八世紀英國植物學家約翰．希爾，因為多次未能被批准加入英國皇家學會而耿耿於懷。

有一次，他特地從樸資茅斯寄了一封信到皇家學會，在信裡面提到一則神奇的病例，他說，有一名水手從桅杆上摔了下來，跌斷了一條腿，醫生接合後以繃帶紮牢，再冷浸焦油，想不到效果出奇地好，不到三天，那條腿就恢復如初了。

這則病例果然引起皇家學會成員的熱烈討

論，有人說焦油不能治療斷腿，有人卻說這說不定是新式療法，應該實驗觀察。一時間，學會裡議論不休，紛紛擾擾。

過了幾天，皇家學會又收到一封約翰．希爾的來信，大家立刻拆開來閱讀，讀完每個人都傻眼了，因為希爾在信上寫道：「很抱歉，上封信裡忘了說明一件重要事項，就是那條斷腿是木頭做的。」

不知道當時英國皇家學會的成員，有多少人能夠坦然接受約翰．希爾的玩笑。但是，這件事對約翰．希爾來說顯然是重要的，他可以由此證明自己並非不及這些學會成員，也多少可以排遣未能入會的遺憾和沮喪。

而英國皇家學會也更應該檢討一下入會規定是否有所缺失，才會讓有些有能力的人不得其門而入。

否則，現在光是一則胡亂編造的案例就被整得灰頭土臉，未來說不定還會有更加落人笑柄的難堪出現。

試著用幽默代替沉默，用微笑代替發飆！

沒有人永遠都能一帆風順，也沒有誰非得長久吃癟，現在或許烏雲罩頂，但只要忍個幾天，早晚都會雲淡風輕，生氣毫無幫助又勞心傷身，何苦來哉？

想快樂，就得快樂；想幸福，就能幸福；生氣只會把福氣吹散，憂愁只會讓愁雲不走；找件事來做，情緒自然會過去，就算是苦笑也比生氣來得好。

用幽默代替沉默的溝通藝術

如果睡不著就起來做點事，不要躺在那裡憂慮不已。傷人身心的是憂慮，不是失眠。

——戴爾．卡內基

簡化生活，把時間多留給自己

> 我們可以不用想那麼多，用一步可以到達的地方就不要繞上三圈才到，用一刻鐘可以完成的事就別拖上三小時。

生活裡總有許多不得不爲的瑣事來瓜分我們每一天的時間，爲了完成這些事情，我們不得不停下手邊的工作，花時間來進行，看著時間漸漸地流逝，我們越來越心焦、越來越心急，也越來越不耐煩。

那麼，爲什麼不能排除這些瑣事呢？

也許，我們可以更有效率來完成，把事情的流程加以簡化，保留下更多的時間和空間給自己。

英國著名的生物學家法蘭西斯・克里克，自從他的研究受到重視之後，名聲也漸漸響亮。

聲名大噪的後果就是每天開始有大量的賓客來訪，還有回不完的信件。

如果不接待訪客未免過於失禮，而面對層出不窮的來函請求，不回信件也會惹來麻煩，於是他苦思出一個方法。

他設計了一份「萬能回信」格式，請人為他大量印製。在信上，他寫道：「克里克博士對您的來函表示感謝，但是很遺憾的是他無法應您的盛情邀約而為您簽名、恭赴盛宴、發表演說、參加會議、贈送相片、充當證人、擔任主席、為您治病、幫您效勞、充當編輯、接受採訪、閱讀文稿、寫書、上廣播節目、簡報、接受榮譽、參加電視節目……」

無論對方的來信提出什麼樣的要求，他就把應對的欄位圈畫起來寄出，以簡單的方式表示答覆。

很快地，他就把自己從疲於應付的困境中解放出來了。

同樣的事情，重複做上一千次、一萬次，叫人如何不心煩，所以克里克想出這等公文回覆式的信函，確實是一種省時省力的好設計。

當然，乍看之下這樣的回函似乎有失誠意，不夠禮數，但是對於一件本來就想拒絕的事情，省去客套似乎合情合理。

更何況，克里克本來可能每天得花上好幾個小時來回覆信函，有了這項設計，立刻省了許多工夫，好讓他可以把多餘的時間拿來完成自己的研究，生活的感受當然有所不同。

其實，我們對生活有過多的擔憂，我們太擔心我們沒有事必躬親，事情就會無法順利進行；太擔心我們沒有時時緊盯，下一秒就會發生危機；太擔心沒有面面俱到，問題就會突然來到；往往我們的擔心只是過度的擔心，讓自己的

日子變得緊繃，生活變得焦慮。

眞的，我們可以不用想那麼多，用一步可以到達的地方就不要繞上三圈才到，用一刻鐘可以完成的事就別拖上三小時，用金錢或其他事物可以替代的瑣碎工作，就別堅持要親自動手。

如此一來，你將不只發現自己的時間變多了，生活也變得輕鬆了。

憂慮奪不去明日的憂愁，只磨蝕了今天的力量。

——克羅寧

囂張，是對自己的貧乏無知

對自己有自信是一件好事，明白自己的能力限制也是件好事，但對於自我過度膨脹或是畫地自限，顯然就對自己沒什麼好處了。

樹大容易招風，容易惹來嫉妒，也容易招來是非；如果這株大樹是一棵空心的樹，風一來，恐怕只是輕輕吹一下就倒了。

所以，想要成爲一株參天大樹，首先就得往下紮根，好好地站穩，好好地吸收養分，好好地奠定自己的根基，開枝散葉、林蔭蔽天的日子總會到來。

反過來，如果一味攀高卻沒有抓緊根下的土石，那麼，這棵樹無論如何是禁不起任何風雨的考驗的。

有一天，愛爾蘭劇作家蕭伯納受邀參加一個晚宴。在晚宴席間有一位青年不知是有心還是無意，就在這位大文豪面前滔滔不絕地吹噓自己的天才，好像天南海北樣樣通曉，大有不可一世的氣概。

起初，蕭伯納還保持禮貌緘口不言，洗耳恭聽。後來，愈聽愈覺得不是滋味，也愈來愈不耐煩。

最後，他終於忍不住了，便開口說道：「年輕的朋友，只要我們兩人聯合起來，相信世界上的事情就無一不曉了。」

那人聽了驚愕地說：「未必如此吧！」

蕭伯納回答道：「怎麼不是？聽聽你剛才的話，是這樣的精通世間萬物，只不過，你尚有一點欠缺，就是不知道誇誇其談反而會使豐盛的佳餚變得淡而無

味，至於我則剛好明瞭這一點，你說，咱倆合起來，豈不是無一不曉了嗎？」

毫無疑問的，這名青年當場被蕭伯納修理得面上無光，覺得羞愧難當。

中國當代作家王蒙曾說：「幽默是一種酸、甜、苦、鹹、辣混合的味道。嚐起來似乎沒有痛苦和狂歡強烈，但應該比痛苦狂歡還耐嚼。」

越是幽默、不經意的評論，聽來越是辛辣。

對自己有自信是一件好事，明白自己的能力限制也是件好事，但是，對於自我過度膨脹或是畫地自限，顯然就對自己沒什麼好處了。

前者的氣焰過於囂張，不只得小心背後暗箭，更免不了被人夾槍帶棍地譏刺；至於後者，還沒開始努力就認定自己做不到，成功之路尚在遙遠之處。

像故事中的那名青年的遭遇，蕭伯納只是在口頭上教訓對方，已經算是客氣了，要是他繼續行徑囂張，還不知要爲自己惹來什麼麻煩。

有人說，過分的志得意滿實際上是一種無知，這種「自我感覺良好」雖然能給予人一種莫名的成就感，讓人得以逞得一時之快，但是實際上這樣的作爲不只自損聲名，更因爲眼界狹小而滿足於自己的平庸。

沒有自知之明的人，就像是蒙上眼睛看世界，既看不見前方的危險，也避不開腳下的危機。

用幽默代替沉默的溝通藝術

如果你是聰明，你會知道自己無知；如果你不認識自己，你便是愚昧。

——路德

追求理想是每個人的權利

每一個人都有做夢的權利，每一個人也都有追尋夢想的權利，在個人夢想的領域裡，他人絕沒有置喙的餘地。

英國作家哈代曾經寫道：「人生裡有價值的事情並不是人生的美麗，而是用幽默的心情去看透人生的酸苦。」

其實，幽默是一種酸甜苦辣的混合味道，它的味道似乎沒有痛苦和狂歡的強烈，但卻比痛苦和狂歡還耐咀嚼。

因此，我們必須時時刻刻提醒自己，不管身處什麼環境，不管面對什麼惡言惡語，都要用歡樂和幽默的心情去面對世界，唯有如此，我們才不會迷失方向，人生才會顯出眞正的意義。

愛因斯坦曾說：「有不少人，他們不追求物質的東西，他們追求理想和真理，得到了內心的自由和安寧。」

他的言下之意就是再多的物質享受，也比不上心靈的滿足。

一個堅持追求理想的人，不會被現實的困頓所干擾，不會被沿途的流言所中傷，永遠踩著沉穩執著的腳步，直到登上頂峰。

十九世紀德國物理學家基爾霍夫曾經舉辦過一場講座，對在場的聽眾說明他的發現：從太陽光譜上所看到的黑線，證明太陽上面有金質的存在。

「太陽上有金子」這個發現當然引起許多人的興趣，但是其中有一位前來聽講的銀行家卻忍不住譏笑基爾霍夫說：「太陽上有金子是不錯，但是如果

不能拿到手，這樣的金子又有什麼用處！」

基爾霍夫當場隱忍不發，只是感謝對方指教。

後來，基爾霍夫因為這項光譜的分析而獲得了金質獎章，他便找個了機會將獎章展示給那位銀行家看，並且說：「你瞧，我終於還是從太陽上得到金子了。」

在我們往目標前行的道路上，我們不知道會遇上什麼樣的困難，不知道會遇見什麼樣的人，不知道會得到什麼樣的評論。

只是，對方的忠告，我們傾聽而後放在心底；對方的譏笑，我們依舊傾聽，然後拋諸腦後。最重要的是腳下的步伐別鬆懈，維持自己的步調，朝著目標不斷接近，不管多遠，總會有到達的時候。

故事中，銀行家的短視近利，使他縱使在物質生活上可能好過基爾霍夫，心靈層次卻遠遠不及。

我們不能評論別人的夢想，因爲我們永遠不會了解那份夢想對對方的意義

爲何；就像我們可能也說不出自己執著的夢想對世界有什麼用處，但是達到那份理想對自己來說卻是一種完成，是我們對自己的負責，一種自出生以來至爲重要的使命，唯有努力執行才能令心靈感到滿足。

每一個人都有做夢的權利，每一個人也都有追尋夢想的權利，在個人夢想的領域裡，他人絕沒有置喙的餘地。

只要堅定不移地向著目標前進，就一定會達到目的。

——列夫·托爾斯泰

用幽默將挫折變轉折

幽默，是一瓶洗滌痛苦和煩惱的高效能除污劑。人生有許多無可避免的挫折，只有幽默，才能化這些挫折為轉折。

傳統教育下的東方人堅信「不重則不威」，因此較不注重幽默感，但是在西方，有沒有幽默感常是判斷文化修養高低重要的一環，能在尷尬場面中用幽默化解的，往往會被認爲是最勇敢和聰明的人。

出糗與批評，是每個人都沒有辦法逃避的人生考驗，敵人永遠會想辦法挖掘你的弱點，刺激你的缺陷，好讓你暴露出更多弱點，然後輕而易舉把你攻擊得體無完膚。

如果你懂用幽默代替沉默、用微笑代替發飆，不但會讓對方無從下手，更表現出自己的高超智慧。

林肯便是歷屆美國總統當中最具幽默感的人，他的幽默無人能及，被後人稱為「一代幽默大師」。

一天，林肯正要上床休息，突然接到一通電話，電話那端的人請示他說：「稅務主任剛剛去世，能否讓我來接替稅務主任的職務？」

林肯認為對方資歷不足，立刻回答說：「如果殯儀館同意的話，我個人不反對。」巧妙地婉拒了對方。

又有一次，林肯在台上演講時，收到台下傳來一張紙條，上面只寫了一個斗大的字：「笨蛋。」

林肯看了非但沒有一絲不悅，反而高舉著這張紙條，面帶微笑地說：「我身為總統，經常收到許多匿名信件，大部分都只有正文，不見署名，然而，這位傳紙條給我的先生卻正好相反，他真是糊塗透了！只寫上了自己的名字，而忘了寫

內容！」

幽默的應對態度對生活確實有許多好處，林語堂在《論幽默》一書中說：

「幽默是人類心靈的花朵。」

古希臘的醫學家也認爲：「幽默是治療疾病的調節方法。」

黑格爾說：「幽默是豐富而深刻的精神基礎。」

康德認爲：「幽默是理性的妙語解頤。」

著名的精神分析大師弗洛伊德則告訴我們說：「最具有幽默感的人，是最能適應環境的人。」

幽默，不只是爲了帶給別人歡樂，更是一瓶洗滌痛苦和煩惱的高效能除污劑。人生有許多無可避免的挫折，只有幽默，才能化這些挫折爲轉折。

PART 5

以迂迴方式來迷惑對方

言語交鋒，以看似軟化的態度與迂迴引導的方式，讓對方失去防心，再乘勝追擊，更能收得超乎想像的效益。

以迂迴方式來迷惑對方

言語交鋒，以看似軟化的態度與迂迴引導的方式，讓對方失去防心，再乘勝追擊，更能收得超乎想像的效益。

我們往往不知道攻擊從何而來，也不清楚下一次遭受到的攻擊會是什麼樣的形式，唯一的因應之道就是時時保持警覺，以不變應萬變。

以言語進行的攻擊最容易傷人於無形，看似不著邊際的說法，有時候就是會讓聽者臉上無光，心有疙瘩。

你最好隨時帶著幽默防身，以言語回敬對方，以迂迴來迷惑對方，一方面避開對方的攻擊，一方面反將對方一軍。

十八世紀英國政治家約翰．威爾克斯以詭辯出名，有一次他又和一位天主教徒為了宗教信仰爭論了起來。

那位天主教徒明知故問地挑釁說：「在馬丁路德進行宗教改革以前，你的信仰是什麼？」

這樣的問話，擺明了就是要威爾克斯回答出「天主教」這個答案。

但是，威爾克斯可不迷糊，沒那麼簡單上當，反倒不著邊際地問了一句：「你今天早上洗過臉了嗎？」

那名天主教徒被威爾克斯突如其來地問了這麼一個問題，楞了一下，不明就裡地回答洗過了。

威爾克斯似笑非笑地繼續問：「那麼，能不能請你告訴我，洗臉之前，你的

臉在哪裡？」

人的虛榮心理通常都與愚蠢程度成正比。

在現實生活中，我們不是經常見到，許多人一有小小的成就，就會迫不及待地讚美自己，見到別人立下傲人的功績，卻忙著四處詆毀？

面對這樣見不得別人好的人，就必須適度發揮幽默的智慧。

英國作家王爾德曾說：「知道如何善用我們的聰明，那就是大智慧。」

威爾克斯以一個看似不相關的問題，成功地反將對方一軍，雖然洗臉之前與之後臉依舊是臉，但是洗過臉後，臉上的髒污得以被除去，正如同天主教在馬丁路德宗教改革之後革除了許多陋習一般。

言語交鋒，雖然並不是非得要爭出個誰勝誰負，但是懂得以迂迴的方式輕鬆避開敵人的埋伏，並且讓對方在覺察不出的狀況之下掉入自己的陷阱，可以說是需要高度的智慧和幽默。

態度強硬、語帶脅迫，或許能夠稍微打壓對方的氣焰，但並不一定能夠使對方心服口服；反倒是以看似軟化的態度與迂迴引導的方式，讓對方失去防心，再乘勝追擊，更能收得超乎想像的效益。

用幽默代替沉默的溝通藝術

爭論的時候，話要軟，心要硬。不要想去挖苦對手，要試圖說服他。

——威京斯

不用大腦，當然苦惱

倘若你認為一件事不可能做得到，那麼這件事成功的機率必然很小；如果連試都不敢試，那麼成功的機率絕對等於零。

一個善於思考的人，在多方面的表現都能夠展現出充沛的活力和堅韌的意志，同時也特別具有創造力，反應敏捷，懂得用微笑代替發飆。

創造力不只是乍現的靈光，更使是一種開創性的思維，在問題尚且隱晦不明的時候就能掌握事情的本質，找出正確的的應對方式。

懂得發揮創造力進行思考的人，在處理問題上往往有與眾不同的表現，也能夠輕鬆面對各種生活上的難題和挑戰。

哥倫布發現新大陸之後，回到了西班牙，受到各種獎賞與讚譽，當然也惹來了不少嫉妒的目光。

有一次，他受邀參加一個晚宴，宴會上有不少對他的成功眼紅的賓客，私底下對他頗有微詞，認為他不過是運氣好而已，再說發現美洲也不是什麼困難的事，他們只要動動腦筋也同樣能夠做到。

面對這樣的惡意批評，哥倫布並不辯駁，也沒動怒，只是請僕人送來一個雞蛋，隨即請問在場的賓客誰能使雞蛋直立起來，並且表示誰要做得到，便將獎賞奉送給他。

有些人試了，有些人始終保持觀望，就是沒有人成功將蛋直立起來。

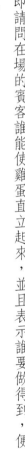

有人開始叫囂哥倫布耍人，並且大吼根本就不可能將蛋直立起來。

但是，哥倫布將蛋拿了過來，把其中一端在桌上輕輕地敲了一下，撞裂的蛋殼硬是直挺挺地立在桌上。

這時，大家又叫：「要是早知道能這樣就太容易了！」

哥倫布帶著笑意對眾人說：「完全正確，只要動動腦筋就可以辦到。」

倘若你認爲一件事不可能做得到，那麼這件事成功的機率必然很小；如果連試都不敢試，那麼成功的機率絕對等於零。

哥倫布耍人了嗎？

沒有人規定不能怎麼做，也沒有人限制一定要怎麼做，是我們爲自己設了界限，是我們自己選擇了固定的答案。

看起來很困難的事，做起來可能並沒有想像中困難；看起來很複雜的題目，答案可能很簡單。

如果我們在自己的腦子裡搭了一座牢固的框架，我們當然會主動拒絕其他的可能性，古人說難如登天，但是飛機發明了，人類也登上了月球，許多曾經不可能的事，都在科技的發展下變成可能。

不用大腦，當然覺得事事苦惱。

改善人際關係和應變能力也是如此，從現在開始，如果你試著動動腦筋，積極踏出第一步，應變方式當然也會開始改變自然，能減少許多啞巴虧的懊惱！

用幽默代替沉默的溝通藝術

我們可能永遠都做不對，但是不做就永遠沒有機會。

——張勁燕

遠離阿諛諂媚，人生才有更多機會

遠大的目標是激勵我們不斷前進的恆久動力，保持冷靜的心境才能遠離阿諛諂媚，為自己的人生創造更多機會。

每個人都應該知道自己很難十全十美，不論多麼優秀，總是會有缺點存在。當我們清楚自己的弱點在哪裡，我們就可以督促自己去改進，然而，很多時候，我們是看不見自己的缺點的。

萬一身旁都是一些逢迎拍馬的傢伙，很容易讓我們自我膨脹到無以復加的地步，最後，我們說不定會反被自己的缺點給吞噬而不自知。

面對阿諛，我們要懂得冷靜；面對諂媚，我們要能學會不自滿，因爲唯有鍥而不捨地前進，才能得到眞正的進步，才不會讓缺陷與弱點絆住我們的腳步。

在位二十二年的東德政治領袖瓦爾特．烏布利希曾經對下屬說：「一個空前太平盛世已經出現在地平線上了。」言談之中，不難聽出他對當時的東德國勢的想法。

他的下屬聽了連忙附和：「太好了！」跟著又忍不住猶疑地問：「可是，空前的太平盛世真的已經出現在地平線上了嗎？」

烏布利希回答：「毫無疑問！你知道字典裡是怎麼解釋『地平線』這個名詞？地平線是一條想像中的線，一走近它，它就退遠。」

當我們為自己的理想設定一個目標時，

我們的努力就有了方向，我們就明白該往哪個方向前進。

眼前的景象，就如同烏布利希對屬下所言，一個空前的太平盛世已經出現在地平線上了。

然而，只有方向和目標是不夠的，我們必須大步向前邁進，如此一來，再遠大的夢想，也能在一次又一次的努力之下，一點一點地逼進目標。

崇高的理想和遠大的抱負在人生當中扮演著強大推動力量，使我們的人格提昇，促使我們奮發前進。

如果同時兼具幽默感，那麼理想和抱負更能擴展我們的視野，開發我們的能力，並喚醒了我們的潛能。

我們會感到有一種全新的力量在血液裡迴旋激盪，有一種蓬勃的熱情在全身上下身洶湧澎湃。

人生是不斷奮戰的過程，那條地平線就在眼前，即便一走近它就退遠，然而只要時時自我鞭策，我們這一路花費的心血絕對不會白費。

當我們耽於現狀，就會失去動力、停下腳步，當我們陶醉於掌聲，成就也就停留在現狀，甚至可能在不察的時候悄悄退步。

遠大的目標是激勵我們不斷前進的恆久動力，保持冷靜的心境才能遠離阿諛諂媚，爲自己的人生創造更多機會。

用幽默代替沉默的溝通藝術

以前的社會，保持現狀就是落伍；現在的世界，進步比別人慢就是落伍，光跟自己比是不夠的，還要跟別人比。

——王坤復

得意時謙卑，失意時從容

成功者不一定要惡聲惡氣、態度惡劣，反而該釋出善意，讓對方感受到平等尊重。

在爾虞我詐的政治舞台上，沒有永遠的敵人，更沒有永遠的朋友，因此，政治人物特別需要幽默的談吐及機巧的反應，才能在詭譎多變的政治局勢裡應付自如，進而佔有舉足輕重的地位。

十年河西、十年河東，勝負沒有常理，時勢也沒有定律，每個人都可能成爲贏家，也可能會面臨失敗；有沒有政治家的風度與氣度，攸關一個政治人物在歷史上所能得到的評價。

一次大戰結束，法國外交部長白里安致力於維護世界和平，四方奔走。

他與美國國務卿凱格簽定了凱格—白里安公約，彼此約定保證兩國除了自衛之外，絕不以戰爭解決國際紛爭，此項協議在一九二八年共有六十五個國家聯合簽訂附議。

白里安更於一九二六年九月與戰敗國德國代表斯特萊思曼共同商討賠款事宜，由於談判過程順利，兩人共同獲得該年的諾貝爾和平獎。

會談過程中，兩人為了避開外界無謂的干擾，以便更妥善地處理戰後賠款相關事宜，特地選擇在法國一個鄉下農莊飯店進行會晤。

有一天午餐時刻，兩人一同愉快用餐之後，彼此竟為了由誰付帳一事爭執起

來。

兩人互不相讓，都客氣地想請對方吃飯，爭相結帳。後來，白里安笑著站了起來說：「咱們別爭了，就由我來付飯錢，你來賠款吧！」

誰說成功者就一定能予取予求？誰說失敗者就一定要捨棄自尊？把心放寬，把眼光放遠，我們就會在得意時懂得謙卑，而在失意時表現從容。

白里安和斯特萊思曼雖分別代表戰勝國與戰敗國，卻沒有成王敗寇、針鋒相對的決裂態度，而是坦然面對問題，解決紛爭。

德國戰敗是事實，各國要求賠款負責也是事實，白里安身負談判重責大任，卻不意味他一定要惡聲惡氣、態度惡劣。

他以幽默的態度，讓斯特萊思曼感受到平等談判的尊重，這樣的做法無疑是令整個談判過程順利的主要推手。

至於戰敗國代表斯特萊思曼則從容地把持住國家的尊嚴，沒有求饒，沒有降格以求，而是以談笑風生的態度，爲國家爭取最好的條件。

兩個人都是一流的政治家，他們所看到的不只是問題的本身，更深入觸及問題背後可能引發的影響，因此能以最平和的方式來解決問題。

如此的好風度，正是他們深得後人推崇與景仰的主因。

用幽默代替沉默的溝通藝術

要這樣生活，使你的朋友不致成為仇人，卻使你的仇人成為朋友。

——畢達哥拉斯

生活放輕鬆，輕鬆過生活

適時地開個無傷大雅的玩笑，不只讓場面輕鬆活絡了起來，也省去不少衝突和尷尬。

一句話就可以製造出生活中的種種驚奇與欣喜，這就是幽默的力量。

現代人的生活多半過於緊張，偶爾開個無傷大雅的玩笑，說句逗人開心的俏皮話，不只可以調劑過於緊繃的生活壓力，也可以增進人與人之間的情誼，拉近人與人之間的距離。

生活也可以過得很輕鬆，只要你真正懂得生活。

十九世紀末法國第三共和的總理亞蒙・法利埃有一天來到雕塑大師羅丹的工

作室參觀。

他一進門就看到滿屋子的半成品，有的塑像只有頭部，有的只有一隻手或一隻腳，或是只有身體軀幹部位，各式各樣未完成的作品就這麼零亂地散落在整個工作室裡，幾乎連站的地方都沒有。

法利埃看了，忍不住打趣地說：「天啊，這些人走路實在太不小心了！」

羅丹是一個對於自己的工作十分專注的人，一旦投入工作之中，就不太在乎外界發生了什麼事，整理工作室等等瑣事當然就是枝微末節、不足一顧的小事了。法利埃卻懂得利用輕鬆的生活態度來延續工作的熱情，圓融人際間的關係，說明他是一個充滿幽默感的政治人物。

他在羅丹工作的時間來打擾，羅丹肯定不會給他什麼好臉色，但是他適時地利用現場開了個無傷大雅的玩笑，在彼此會心一笑的同時，不只讓場面輕鬆活絡了起來，也省去不少衝突和尷尬。

幽默的語言，往往可以達到意想不到的效果，而且從生活中隨處取材，玩笑就可以開得有趣又引人注意，大家在會心一笑的時候，不但氣氛變得融洽，還可以讓幽默的力量相乘，激出更燦爛的火光。

嚴肅地看待工作，輕鬆地面對生活，比例拿捏得好，日子就少了許多煩惱。從今天起，讓生活鬆一下吧！

用幽默代替沉默的溝通藝術

我們的頭腦需要放鬆，如果我們不在工作中揉進點兒樂趣，大腦就會垮掉。

——莫里哀

用幽默來軟化對方的情緒

幽默只要運用得當，常常就像個保護傘，讓我們在不著痕跡地，輕鬆化解怒火與怨氣。

關於用幽默代替沈默的應對智慧，藝術家博列夫曾經說過一句話：「幽默是善意、溫和的嘲笑，然又並非毫不帶刺。」

這句話清楚地說明了幽默的本質。

幽默，本身就帶有一點點嘲弄，一點點諷刺，一點點顛覆和一點點反抗，然而卻不致於無禮，也不致於過度傷人。

能夠巧妙地運用幽默，往往像是在袖底藏了一件秘密武器，可以伺機行動，無論何時何地都不怕落人下風。

古希臘寓言作家伊索是一個言語機智、腦袋聰明的人，雖然身為奴隸，社會地位不高，但是他的聰敏和智慧，卻令許多地位高於他的人望塵莫及。

有一天，迎面來了一名衣著華麗的路人，在他面前停下來向他問路。

路人的態度頗為輕佻，斜睨著眼，問伊索說：「喂！我問你！我到城裡去要走多久？」

伊索回答：「你走啊。」

那個人見伊索的回答沒頭沒腦，心裡有點不高興，不過為了問路，只好耐著性子說：「我是得走，我也會走，不過可以請你告訴我，走到城裡到底需要多少時間嗎？」

想不到，伊索還是說：「你走啊，快走啊！」

路人聽了非常生氣，認為伊索實在太可惡了，便氣憤地轉身走開。

他剛走沒多久，就聽見伊索的聲音從背後傳來：「兩個小時……」

那人聽見了，便停下腳步，接著又走回伊索身邊，納悶地問：「為什麼你剛才不肯回答我？」

伊索不慌不忙地回答：「剛才我還不知道你走路的速度是快還是慢，又怎麼知道你需要花多久的時間才能走到城裡？」

仔細想想，伊索所說的一點也沒錯。初看這個故事時，心想這位路人的態度過於高張，活該被伊索惡整，伊索無端被無理對待，出手防衛似乎也是理所當然，但是衝動行事恐怕會讓地位低下的伊索吃上悶虧。

想不到，伊索的表現卻讓人抓不出一點破綻，即使他眞的有心惡整那名路人，那人也拿他沒有辦法，只能認虧被消遣。

幽默的語氣加上無可辯駁的事實，不只讓伊索好好地出了一口悶氣，又免於紛爭衝突的產生，確實是一項效果驚人的言語利器。幽默只要運用得當，既

可以保護自己，又能夠不傷他人。

回想我們曾經說過的話，也許會發現，自己在用語和語氣上，有許多可以檢討的空間。命令式的語氣和口吻，聽起來總是特別刺耳，所謂說者無意、聽者有心，有時候多點留心，就可以減少對方不快的情緒，少了衝突的媒介，衝突也就得以預防與化解。

幽默，常常就像個保護傘，讓我們在不著痕跡地，輕鬆化解怒火與怨氣。

用幽默代替沉默的溝通藝術

愉快的人格，是成功的靈魂。

——馬西斯

以問題來回敬問題

以幽默的話語來抵擋來路不明的敵意，見招拆招，既顯現了卓越超群的智慧，又展示了臨危不亂的氣度。

這個世界上什麼樣的人都有，偏偏你就是遇上了一個找你麻煩的人，他們的問題總是讓你感到很頭痛，他們的議論總是讓你覺得心煩氣亂。

如果他們的身分地位和你無干，你還能夠眼不見爲淨、耳不聽爲清；若是他們正好是你的衣食父母時，你的答案可就得多想想再說出口了。

美國科學家富蘭克林，也是避雷針的發明者，有一次他舉辦了一場說明會，邀請與會貴賓一起參觀他的新發明。

看完了，許多人嘖嘖稱奇，當然也有人有看沒有懂，就有一位闊太太大嗓門地問：「可是，這個東西到底有什麼用呢？」

富蘭克林聽到了，只好堆著笑臉回答說：「夫人啊，您說剛剛生出來的嬰兒又有什麼用呢？」

話一說完，現場一陣哄堂大笑，那位夫人聽了，連忙搖著扇，跟著乾笑了幾聲，沒再多問了。

我們知道，遇到不明瞭的問題懂得適時發問，是一件美德，但是未經思考、不看場合的胡亂發問，徒然表現出一個人的無知與無禮。

故事中那位夫人的提問，求知的意味遠遠不及於挑釁，目的顯然在讓富蘭

克林臉上無光，而非求學好問。

見過大風大浪的富蘭克林當然也不是省油的燈，縱使心裡百般不悅，臉上依舊保持得體的表情，以問題來回敬問題，讓那位夫人知難而退，既表現了風度，又達到了目的。

明槍易躲，暗箭難防，何不以幽默的話語來抵擋來路不明的敵意？以招制招，見招拆招，既顯現了卓越超群的智慧，又展示了臨危不亂的氣度，唯有如此氣魄，才能在人際互動之時立於不敗之地。

用幽默代替沉默的溝通藝術

言語須是含蓄而有餘意。

——程顥、程頤

幽默的言語能化解尷尬危機

生活不見得能夠事事皆順心，但是能夠以輕鬆和歡樂的態度來面對，日子就能過得快樂一點了。

人際關係把握得好的人，做起事來往往能夠左右逢源、無後顧之憂，更可收得更大的效益，由此可見人際關係對於一個人的成功有多大的影響力了。

幽默正是人際交往最好的催化劑，將交際時的氣氛炒熱，善用幽默，便能在輕鬆、活潑的氛圍中，使得彼此放鬆防備，也更容易交心。

第二次世界大戰爆發之後，荷蘭戰爭失利，國土遭德軍侵占，總理德克·基爾不得不成立流亡政府，向英美等友邦求援。

基爾總理的英文不太靈光，加上流亡在外的慘痛經驗尚未平復，第一次會晤英國首相邱吉爾時，不曉得是否精神不濟還是太過緊張，只見他伸出手向邱吉爾示好，沒想到一開口就是一句：「再見。」

在場的人幾乎傻眼，還好邱吉爾夠冷靜，不慌不忙地回答：「基爾先生，你知道嗎？我真希望所有的政治會議都能這樣簡短扼要。」

當我們懂得把幽默轉化成力量，讓原本圍繞在我們四周的緊張、焦慮與困擾，一點一點地瓦解，不只能讓自己更充分地運用局勢，也在爲人解圍的行動中獲得更多的支持。

邱吉爾便是這樣一位能將幽默運用到極致的政治家，他一次又一次運用幽默和機智處理危機之時，也爲他的政治生涯注入生機和活力。

笑，不只代表愉悅、代表認同，也代表服氣。歷史上不乏例證顯示，善於運用幽默智慧的政治家特別能取得事業上的成功，能夠引出別人的笑，就能夠利用笑聲爲自己營造一道道登上青天的階梯。

生活不見得能夠事事皆順心，但是能夠以輕鬆和歡樂的態度來面對，日子就能過得開心一點，快樂一點了。

用幽默代替沉默的溝通藝術

對友誼來說，笑不是一個壞的開頭，而是最佳的結尾。

——王爾德

PART 6

越是急的情境 越要冷靜

面對危急時，最好的應對之策，就是使自己先冷靜下來，靜心想方法、想謀略。遇事要冷靜，不只是一句口號，而是生存之道。

沒有糟糕的事情，只有糟糕的心情

弱點與優點，往往是一體兩面、相輔相成的，利用自己的弱點，既能低頭避過正面攻擊，又能側身伺機迎擊。

畢達哥拉斯曾說：「做自己感情的奴隸，比做暴君的奴僕更為不幸。」

因爲，一個成熟有智慧的人，並不會動不動就用生氣來解決問題，而是會用機智來代替生氣的幼稚行爲。

高壯堅強的大樹，目標顯著，一有強風吹來，硬碰硬的結果，總是樹倒枝斷；柔軟弱小的青草，毫不起眼，順風而動，伏倒之後總能再藉勢站起。

不會有人永遠是強者，每個人都有屬於自己的弱點。正視自己的弱點，思索因應的方法，反而能在夾縫中求得生機。

強者有強者的優勢，弱者同樣有自己生存的空間，過度逃避和掩飾自己的短處，恐怕就會讓自己的弱點成爲眞正的致命傷。

聯合國發起人之一的羅慕洛，曾經擔任菲律賓的外交部長，是世界相當知名的社會運動家。

羅慕洛的聰明才智從很小的時候就展露出來了，他唯一的缺憾就是身材過於矮小，外形極不起眼。因為這一點，讓他待人處世之時總是特別注意別人的目光，一方面對自己的身材感到自慚形穢；一方面也認為別人會因此瞧不起他。

於是，他故意買了很多高跟鞋來穿，希望能在外表上扳回一些優勢。

可是，穿了高跟鞋的他，身材並沒有高大到哪裡去，反而因為穿上高跟鞋，令別人感覺更矮了，就有人當著他的面嘲笑說：「矮子天生矮，就算穿上高跟鞋也高不到哪裡去！」

聽到這種嘲諷，他憤而捨棄所有的高跟鞋，從此不在自己的身高上做文章。他發揮自己的專長，比別人更加刻苦地學習，積極努力地尋找每一個往上爬機會，以實力證明身高絕對不是問題。

二次大戰結束，聯合國成立大會進行當天，羅慕洛即以菲律賓代表團團長的身分應邀上台發表演說。

由於講台的高度是以西方人的身材為標準設計的，所以羅慕洛上台時，大家只能看見他的兩隻眼睛而已，一時之間，許多人大笑起來，場面萬分尷尬。

羅慕洛態度相當鎮靜，不發一言，等到所有的笑聲止息後，他才舉起一隻手，用力地揮動，大大方方地說：「讓我們把這個會場當成最後的戰場吧！」語音未落，在場所有的人都靜了下來，而後響起如雷的掌聲。

西方諺語說：「有勇氣而沒有機智，這種勇氣就是幼稚。」

換言之，一個有勇氣光著腳丫去踢石頭的人，絕對不會比用機智去叫別人幫自己踢石頭的人更聰明更有智慧。

羅慕洛以過人的氣度，展現了恢弘的胸襟，在那個以嘲諷和戲謔爲武器的戰場，他的冷靜還擊獲得了徹底的勝利。他的弱點，在他的機智冷靜應對之下，成爲一種絕對反差，反而更突顯了他個人的優點。

弱點與優點，往往是一體兩面、相輔相成的，利用自己的弱點，既能低頭避過正面攻擊，又能側身伺機迎擊。

我們可以見到，性格內向、膽小怕事的人，常常能處事謹慎、辦事周到；不善交際、不善言辭的人總能耐住寂寞、深謀遠慮；脾氣暴躁、點火就著的人，卻能處事果斷、抓住良機；至於那些柔弱懶散、反應遲緩的人，遇事總能不慌不忙、特別穩重。

人人都有弱點，但能夠從自己的弱點出發，想出絕妙攻防策略的人，將是掌握致勝先機的人。

越是危急的情境越要冷靜

面對危急時，最好的應對之策，就是使自己先冷靜下來，靜心想方法、想謀略。遇事要冷靜，不只是一句口號，而是生存之道。

所謂「事不關己，關心則亂」，人一旦遇上和自己密切相關的事情，往往很難以平常心對待。

吳三桂「衝冠一怒爲紅顏」，完全失去身爲一個大將軍運籌帷幄的冷靜氣度，就是因爲江山是別人的，紅顏則是自己的，既然你保不住我的紅顏，我也只好毀了你的江山。當歷史上批判吳、陳、李這段三角戀情時，對吳三桂的評價總多了分不值和嗤笑，因爲他明明可以有更聰明的做法，但卻被憤怒蒙蔽了心智，做出令自己後悔的決定。

事不關己的時候，彷彿站在隔岸觀火，火從哪裡來、會往哪裡去，都看得一清二楚；對於該如何滅火，也自有一番策略。

但是，身陷火場的人，塵灰煙霧掩蓋了眼睛口鼻，耳朵裡也充斥著自己猛烈的心跳聲，光是要尋找活路就耗盡了自己所有心力，讓慌亂主宰了一切。

可是，在危急的情況中，若是不能冷靜下來，從自己熟悉的路徑思索求生的方向，很有可能只是在危難之中越陷越深。

英國著名的外科醫生山繆爾．夏普曾經遇過這麼一樁笑話。

當時，有一位英國侯爵不小心擦破了點皮，細皮嫩肉的他就是覺得傷口火辣疼痛，於是命令僕人火速去將夏普請來診治。

夏普帶著醫藥箱隨著僕人「火速」趕來之後，見了侯爵的傷口，加以檢查後，立刻疾聲吩咐侯爵趕快派人去藥房取藥。

侯爵一聽夏普的指示，心想自己的傷難道真有這麼嚴重嗎？想著想著，臉色都變白了。於是，他忍不住詢問夏普：「我的傷口很危險嗎？」

夏普神情嚴肅，煞有其事地回答說：「是的，如果您的僕人不跑快一點的話，我擔心……」

「會發生什麼意外嗎？」侯爵焦急地問。

夏普繼續說道：「我擔心，在他回來之前，您的傷口已經癒合了。」

這又是一則「關心則亂」惹來的笑話。一點小小的破皮，就馬上延請外科名醫前來診治，顯然是殺雞用上牛刀了，難怪會被夏普冷冷地幽了一默回去。

有些人天生容易緊張，這是因爲他們對事對人都不夠有信心，不夠相信周遭的人能順利完成分內的工作，所以不得不撈過界去擔心原本不該由他們擔心的事情。

這樣的人或許能夠未雨綢繆，但是有時太過杞人憂天、神經兮兮，也會讓旁人承受不了。

過度的慌亂不但會造成自己情緒上的焦慮、行爲上的失誤，同時也會影響到周遭的人，使得大家跟著一起緊張起來。這麼一來，軍心大亂，不論對陣前或陣後都是一種損傷。

所以，面對危急時，最好的應對之策，就是使自己先冷靜下來，靜心想方法、想謀略，做沙盤推演。

若眞的坐不住，乾脆遠離一段時間，即使只有心情離開也好，最重要的就在於以其他事務讓自己分心，把焦點轉移，重新回到保持距離的原點。

專注可以創造效率，但過度執著反而會讓人模糊焦點。就好像看東西，拿得太遠看不清楚；拿得太近，眞的要貼上眼珠時，其實也同樣看不清楚。遇事要冷靜，不只是一句口號，而是生存之道。

面對惡意，試著用幽默反擊

當惡意來襲，以惡意對抗惡意是最差的策略，不如用機智幽默的方式反擊，這才是最高明的做法。

日常生活中，總難免會遇上麻煩；惱人的是，有些麻煩是有人故意找碴。

在這種情況下，和對方一般見識，不但貽笑大方，也顯得自己沒有度量；如果置之不理，萬一對方不知見好就收，擺明了想看你鬧笑話，心裡當真很難嚥得下那口氣。

這時候，最好的方法，就是不動聲色地以幽默思維反駁回去，讓對方落入自己設下的陷阱，如此就能既出氣又不失風度了。

在小獵犬號上撰寫《物種原始》，以進化論在人類發展史與生物理論上造成劇烈變動的著名生物學家查理・羅勃・達爾文，有一年曾經到一位隱居鄉間的朋友家中作客。

當時，友人的兩個小孩都知道這個客人是一位有名的生物學家，也聽過不少達爾文的事蹟，因而忍不住小孩子的好奇心，想要故意捉弄達爾文，看看他到底會作何反應。

這兩個小孩在園子裡抓了一隻蝴蝶、一隻蚱蜢、一隻甲蟲、一條蜈蚣，接著拆下蝴蝶翅膀，然後接上蜈蚣的身體，又拔下蚱蜢的腿和甲蟲的頭，全都連接在一起，拼成了一隻看起來四不像的昆蟲。

他們把這隻奇形怪狀的昆蟲放在盒子裡，帶著捉弄的表情一起來到達爾文的房間。其中一個孩子說：「達爾文先生，我們在花園裡抓到了這隻蟲，您能不能告訴我們，這蟲到底是屬於哪一種類的昆蟲呢？」

達爾文自然一下子就看出這兩個孩子在玩什麼花樣，於是他面帶微笑地說：「孩子們，你們可曾留意牠在被你們抓到時會不會叫？」

兩個孩子你看我、我看你，推來推去之後，其中一個總算開口說：「會叫的，達爾文先生。」

「這樣啊，」達爾文神情愉悅地回答說：「那麼，我想這是屬於一種『叫蟲』。」結果，兩個孩子一時間目瞪口呆，被達爾文唬得一楞一楞的。

生物學上的分類法則，就是以生物的特徵進行歸類與區分；而所謂的分類，就是從整體之中找尋出個別的特徵，再將相同與相似的特徵予以歸類。從整體之中，我們可以演繹出不同的分類；而在不同類別中，我們也同樣能推估出整體。那麼，只要是會叫的蟲，當然都可以稱之爲「叫蟲」囉！

達爾文便是運用這樣的科學事實，將孩子們的惡作劇轉換爲幽默，把玩笑開回去。如此既不傷大雅，又暗地裡教訓了兩個不知天高地厚的小鬼，說不定還能引發他們對生物科學的興趣與好奇，可說是一舉多得。

日常生活中，我們難免會遭受刁難，對方可能會在雞蛋裡挑骨頭，想在菜頭堆裡買饅頭，這些舉動的目的，往往是要來找麻煩的。不論是假意迎合附和或強硬對抗，都可能恰好落入對手的陷阱裡。

面對惡意的挑釁時，你雖然可以選擇閃避，更可以選擇主動出擊，利用幽默營造出來的曖昧空間，制敵機先，使得對手沒有進一步下手的機會。

當惡意來襲，以惡意對抗惡意是最差的策略，不如學學達爾文，用機智幽默的方式反擊，這才是最高明的做法。

發揮幽默感，讓批評更婉轉

對這個世界來說，中肯善意的批評是極為重要的。但是，如果能用辭委婉、善用幽默地批評，批評者也可以少惹些麻煩了。

人類不會只有一種思考的方式，也不會只有一種做事的方法，這是人類得以創建這個多彩多姿的世界的一大主因。可惜的是，這也是人類世界紛爭不斷的一大主因，因爲很多人不懂得接納不同的想法與做法。

批評的言語隨時都可能脫口而出。有些批評是壞的，例如當你存心想傷害對方的時候，這時的批評就實在要不得；當然有些時候，批評是好的，因爲你期望對方進步，也期望未來會更好，你的出發點是好的，目的也是正確的。

但是，沒有多少人喜歡聽批評的言辭，不管是好的，還是壞的。所以，我們應該小心選擇批評的手法。

方法對了，即使是再嚴厲的批評，也能讓對方考慮接受。試著發揮自己的幽默感，你就可以批評得很婉轉。

德國微生物學家羅伯特·科赫，曾經為了研究一種昏睡病而特地前往非洲考察。他發現那種病是由一種微生物造成的，人一旦罹患這種病，就會整天昏昏欲睡、神智不清，直到死亡都保持這種狀況。

考察回國之後，科赫被邀請到國會說明他考察的結果。

當時他到得早了點，於是被安排在接待處等候某位高級官員接見。這時，剛好大廳裡正在召開國家預算委員會，

議員們正忙著審核年度預算，於是科赫便在一旁聆聽會議的進行。

或許是因為工作太累，或許是因為輕忽自己的職責，議會中有好幾位議員竟然幾乎從頭睡到尾，完全怠忽自己的職守。

後來，科赫正式發表報告時，忍不住說：「我認為，我在非洲考察團裡歷經千辛萬苦後才得到成果的做法，根本是沒有必要的。因為昏睡病的案例，其實在德國就能得到。只要觀察一下國家預算委員會會議上，許多位議員先生的作為就能明白了……」

科赫的言下之意，相信很多人都聽得出來。他當然是在指責那些領錢打瞌睡的議員們，他當然是在嘲諷議員們怠忽職守，竟然在國會殿堂上大睡特睡。除非推斷他們得了「昏睡症」，否則將如何爲他們的行爲開脫呢？

那些議員們聽見這番話後，可能會羞得滿臉通紅，但嘴裡卻是一句埋怨也不敢說出口，畢竟是自己理虧在先，只得任人消遣；一旦出言反擊，很容易變成對號入座，豈不成了「此地無銀三百兩」？

科赫的幽默感，不但讓自己的報告達到風趣開場的目的，同時也爲自己心裡的不滿出了口氣，若是眞能從此改善國會的議事風氣，更是功德一樁。

批評不全然是壞事，因爲人想要進步，就需要廣納建言，才能改善自己的盲點。可是既然「忠言逆耳」，也就表示即使是最善意的批評，還是可能會給人帶來痛楚。因此，要如何既讓對方接納自己的建議，同時又不傷害雙方的情誼，恐怕得多費點心思多想想。

對這個世界來說，中肯善意的批評是極爲重要的。但是，如果能用辭委婉、善用幽默地批評，批評者也可以少惹些麻煩了。

將難聽的話留在嘴裡

應該在惡言出口之前，三思再三思。就算有些架非吵不可，還是要提醒自己將難聽的話留在嘴裡。

格拉寧在《婚後》中寫道：「爭吵是很容易忘卻的，但是爭吵中的發洩，卻留下了難以消除的痛苦。」

其實，這種現象又豈止在婚姻裡如此，我們生活中的每一種人際關係，都可能因爲爭吵對立而破裂。

爭吵的時候，有的人以爲自己是在爭論一個道理，或許眞理眞的是越辯越明，但是，很多人辯到了最後，哪裡是在辯論事理呢？只不過是淪爲情緒性的相互攻訐，互揭瘡疤罷了。

這種現象遇上了各種選舉期間，更是層出不窮，讓人不免覺得生在這個社會，還不得不訓練自己吵架的本領，如果不能拍踢桌子大罵幾句，甚至冷言諷刺，彷彿就會被人看扁了似的。

所以，你吵我就吵得比你更大聲，一時之間，整個社會全充斥了你罵我、我罵你的聲音，沒有一個是好人。

吵架是一個危險的行動，因爲在那樣情緒激動的時候，許多你原本不打算說的話，都會以最惡劣的形式脫口而出。

有位富婆氣焰囂張地在一家高級餐廳裡，不停抱怨著這樣不對，那樣不好，侍者尊重顧客，不敢發怒地站在一旁聽她抱怨。

但是，富婆絲毫沒有作罷的打算，反而得寸進尺，

高傲地指著一道菜說：「你說，這叫作食物？我看連豬都不會吃！」

被罵得心有不甘的侍者終於按捺不住，冷冷地說：「是這樣嗎？那麼，我去替您弄點豬吃的來。」

這種口出惡言、反唇相譏的例子，也經常出現在現代的婚姻生活之中，以下就是一個例子。

丈夫聽了不中意的話，指責說：「妳講話起來就好像我是一個白癡。」

太太反唇相譏：「你難道不曉得只有這樣，你才會懂？」

「拿去洗衣店的襯衫拿回來了嗎？」過了一會，丈夫沒好氣地問。

「我是你什麼人，女傭嗎？」妻子回答。

「當然不是！」丈夫逮到機會，頂了回去：「妳如果是女傭的話，至少應該懂得怎樣洗衣服。」

兩個例子，都是不懂說話藝術的最佳例證，也道盡了現代人典型的交往模式，要嘛心無善意，要嘛不懂寬容。

我們經常掉進一個陷阱，就是爭論必有輸贏，總之一定要吵出個誰對誰錯，每個人都堅持己見，絲毫不肯退讓，即使罵盡對方祖宗十八代也在所不惜。極盡嘲諷、刻薄的言語全數出籠，傷人也自傷，何必呢？

富婆勝過侍者的只是錢罷了，並不代表她就可以仗恃著自己有錢就對人頤指氣使，別人不見得要忍受她的氣焰，不是嗎？

至於侍者，大可以請她離開這個令她感到不愉快的地方，而不見得要出言嘲諷，反降低了自己的格調。

夫妻之間更應該和睦相處，既不能把在外頭所受的怨氣帶回家裡，也不必在言語上爭強鬥勝，否則婚姻關係就難以維持下去。

看輕他人的人，終究也會被人看輕。

惡毒的語言就像一種毒素，它能將人與人之間的任何好的連結，全數侵蝕殆盡。很多人只知道「得理不饒人」、「火上澆油」，吵到最後，彼此之間只剩下嫌惡與憎恨。

如果人與人之間往返的都是憎惡與仇恨，我們還有心靈安寧之日嗎？我們還能創造出任何美的事物嗎？

不能的，因爲醜惡的心所造就的，是醜惡的世界。

既然言語的能力來自於思考的能力，我們就應該在惡言出口之前，三思再三思。就算有些架非吵不可，還是要提醒自己發揮幽默感，將難聽的話留在嘴裡，這是爲人處世最基本的氣度。

紀伯倫說：「讓愛成為靈魂兩岸之間流動的海洋。」

應對進退的時候，唯有改變彼此針鋒相對的態度，才能讓人與人之間的關係以愛相繫，而非以恨連結。

放低姿態不代表失敗

不用急於告訴別人自己有多好，只要夠好，別人一定看得到；也不用告訴別人他有多差，因為他自己會露出馬腳。

不知道大家有沒有發現，當我們的膝蓋略略彎曲，將身體重心平均放於兩腳，我們移動的速度會比兩腳筆直站立時來得快速。這代表著，我們面對攻擊時，以這樣的姿態回防，反應力也會比較高。

要練武術，首先得學紮馬步，馬步踩得穩，別人就攻不了你的下盤；馬步虛浮，輕輕一推一絆，就得摔得狗吃屎了。

在跆拳道裡有個招數，就是當攻擊迎面而來的時候，立刻屈膝低頭，閃過對方的拳頭飛腿，然後趁對方來不及防備時朝他的腳一掃，如果對方反應不足或馬步不穩，就會即刻倒地。

可見，偶爾放低姿態不見得就代表認輸，而是以另一種方式還擊。

崢嶸一時的前英國首相丘吉爾退出政壇後，有一次騎著腳踏車在路上閒逛。

恰巧，也有一位女士騎著腳踏車，從另一個方向急駛而來，由於煞不住車，直直地撞上了丘吉爾。

「你這個糟老頭到底會不會騎車？」這位女士惡人先告狀地破口大罵：「騎車不長眼睛嗎？……」

丘吉爾溫和地道歉：「對不起！對不起！我還不太會騎車，看來您已經學會很久了，對不對？」

這位女士見對方如此低姿態，反而有一點不好

意思，再仔細一看，眼前竟然是偉大的首相，頓時羞愧得無地自容，囁嚅地說道：「不……不……我是半分鐘之前才學會的……教我如何騎車的就是閣下您。」

曾以首相之尊治理國家的丘吉爾，他的能力眾所矚目，但他並不以自己的威權來欺壓別人，只不過在面對他人無理對待的時候，他朗朗的氣度，便自然地顯露了出來，一句話反而讓對方自覺羞愧，無地自容。

謙遜，不是退縮，而是謹慎行事；不是不前進，而是不躁進。

莎士比亞認爲：「智慧越是遮掩，越是明亮，像美貌因為蒙上黑紗而十倍動人。」

確實如此，我們不用急於告訴別人自己有多好，只要我們夠好，別人一定看得到；我們也不用告訴別人他有多差，因爲他自己會露出馬腳。

每天，我們都會遇見不同的人、不同的事，面對不同的狀況，我們需要針對每一件事做出不同的反應。

這個世上，總有些人認爲自己高過其他人一等，所以態勢囂張，不顧一切先發制人，反正先把對方踩在腳底再說。

這樣的人或許能得到了一時的勝利，卻忘了自己只剩一隻腳站在地上，等別人猛地站起身來時，他可能就不得不摔跤了。

想成功，首先得不能示弱

懂得強化自己的長處，也懂得掩飾自己的短處，這是一種充滿自信的表現，讓人不敢輕忽你的存在。

莎士比亞在《哈姆雷特》裡留下了這樣的文句：「留心避免和人爭吵，可是萬一爭端已起，就應該讓對方知道你不是可以輕侮的。」

在自然界，我們可以很普遍地觀察到這樣的相爭模式。兩隻雄雞相逢，必先各自豎起毛羽，發出宏亮雞鳴，意圖在氣勢上勝過對方；在未知對方底細之前，只要裝得夠強勢，說不定眞能嚇跑信心不足的對手。

每個人總有不如別人的短處，儘管我們知道自己的弱點何在，但是在心理態度上絕對不能先行示弱，否則就眞的矮人一截了。

弱者並不一定不能贏，只要有足夠的勇氣與智慧，懂得掌握良機，因應權變，一樣有機會奪取勝利。

最基本的做法，就是在態勢上絕不輕易示弱。

有一個小國家因故與鄰邦強國交惡，種種衝突一觸即發，大有不惜一戰之勢。於是，小國派出外交大使出使強國，就戰爭問題與強國的首相進行議論，主要用意在於一探對方虛實。

談判過程並不順利，雙方劍拔弩張，屢談不攏，到最後，小國大使放話不惜開戰，以威脅強國。

大使說：「我國擁有軍車三十輛，飛機八十架，足以攻擊貴國。」

主導整個談判的強國首相聽了，輕蔑地笑道：「我們的軍車和飛機數量，要多過你們一百倍。」

小國大使仍不示弱，繼續恐嚇道：「我國有二萬五千人的精良部隊，能夠迅速佔領貴國。」

強國首相放聲大笑：「我們擁有的軍隊，人數多過你們一百倍。」

小國大使聽了，要求先回國請示，再繼續談判。當大使再度來訪時，態度已有了一百八十度的轉變，希望以和平方式解決衝突問題。

強國首相認為小國必定是懼怕自己的堅強國力，沒想到小國大使竟仍舊神色自若地說：「您錯了，我國並非懼怕貴國的兵力，而是我國國土太小，容不下兩百五十萬名戰俘。」

外交人員為國發聲，所代表的是國家形象，要如何因應詭譎的國際情勢，需要有足夠的智謀；縱使國力不如人，也不能輕易示弱，讓人看輕。小國大使所言即使過於虛張聲勢，卻也十足維持了國格，這是他的責任。

聰明的人有自知之明，既知道自己的長處，也知道自己的短處，既懂得強化自己的長處，也懂得掩飾自己的短處，這是一種充滿自信的表現，讓人不敢輕忽自己的存在。

好萊塢知名女演員琥碧戈珀曾經這麼說：「女演員只能演女人，而我是演員，我能演任何角色。」

能有這樣自信的人，必定能夠闖蕩出一片自己的天空。

看重自己，就能夠讓別人看重你，要知道，或許我們有不如人之處，但是我們也一定有過人之處。不曾面對面遭遇，如何分出高低？雙方各擁本身的優勢，沒有經過眞正的比試，輸贏還沒有定數。

所以，站穩自己的腳步，不要一開始就長他人志氣滅自己威風，抱持著一定要贏的心態，成功的勝率無形中便會增大了一點。

輕視別人就是貶低自己

只不過有一點小小的功名成就，別人不一定要向你卑躬屈膝，如果因此而看不起別人，其實是輕視了自己，最後終究會自取其辱！

俗語說：「人怕出名，豬怕肥」，身爲名人或公衆人物，可能就代表著隱私權被剝奪，因爲處處都有人睜大眼睛看著他們，爲了維護自己的形象，可能忍受了旁人無從得知的巨大壓力。

當然，也有人很享受名氣所帶來的種種好處，包含高人一等的優越感與虛榮感，有時甚至表現得不可一世。

只是，即便是衆星拱月的大主角，也不一定能讓所有的人隨之起舞。

電影明星洛依德將車子開到檢修站例行維修檢查，一名女性工作人員負責接待他。她熟練靈巧的雙手和美麗的容貌，一下子吸引了洛依德。

當時，整個巴黎都知道他的名氣，可說是無人不知、無人不曉，但這位姑娘卻絲毫不表示驚異和興奮，只是專心忙著自己的工作。

「妳喜歡看電影嗎？」他禁不住問道。

「當然喜歡，我還是個影迷呢！」女孩手腳伶俐，很快地完成了汽車的維修工作，然後對洛依德說：「您可以開走了，先生。」

但洛依德卻感到有點依依不捨：

「小姐，可以陪我去兜兜風嗎？」

「不！我還有工作。」

「這同樣也是妳的工作，妳維修的車子，最好親自檢查一下。」

「好吧，是您開還是我開？」

「當然我開，是我邀請妳的嘛。」

車況非常良好，一路行來平穩又順暢。女孩開口問道：「看來沒有什麼問題了，請讓我下車好嗎？」

「怎麼，妳不想再陪陪我了？我再問妳一遍，妳喜歡看電影嗎？」

「我回答過了，喜歡，而且是個影迷。」

「那，妳不認識我嗎？」

「您那麼有名，我怎麼會不認識呢？您一進來，我就認出您是當代影帝阿列克斯．洛依德。」

「既然如此，妳為何還這樣冷淡？」

「不！您錯了，我沒有冷淡。只是沒有像別的女孩子那樣狂熱。您有您的成就，我有我的工作。您來修車是我的顧客，如果您不再是明星了，再來修車，我也會一樣地接待您。人與人之間不就應該是這樣嗎？」

聽了這話，洛依德不禁沉默了。因為，在這名女修車員的面前，令他感到自己的淺薄與虛妄。「小姐，謝謝！妳讓我知道，我應該認真反省一下自己的價值。現在讓我立刻送妳回去。」

人往往會因爲外在的包裝或是渲染而把自己想得太過高貴，其實，哪有人眞的是鑲金帶銀的呢？每一個人都不過是皮囊之軀罷了！

只不過有一點小小的功名成就，別人不一定要向你卑躬屈膝，如果因此而看不起別人，其實是輕視了自己，最後終究會自取其辱！人生在世，其實每個人都應該是平等的，不見得身爲總統就比別人高尚，畢竟總統也是替人民做事的呀！自我的價值來自於自己的肯定，至於外在的名氣是衆人所給予的，今日得到了，他日就可能失去了，不然怎麼會有人說「虛名如浮雲」呢？

偶像明星是因爲有歌迷、影迷的支持，才有所謂的名氣與人氣，如果沒有歌迷、影迷，即便是明星又如何呢？別人活該匍匐在他們的腳下嗎？

愈是聲名在外，就應該愈懂得謙卑感恩才是；唯有懂得尊重他人，才能獲得他人的尊重。所以，那名女修車員應對得漂亮，即使是影帝，在修車廠內也不過是一名顧客而已，並不須要給予特殊的禮遇，公事只要公辦就成了。

PART 7

多一分耐性，就少一分紛爭

遇上問題的時候，別急著生氣，先試著控制自己的怒氣，想清楚前因後果，才能夠據理力爭。

多一分耐性，就少一分紛爭

遇上問題的時候，別急著生氣，先試著控制自己的怒氣，想清楚前因後果，才能夠據理力爭。

有句話說：「守得雲開見月明。」意思就是天上的明月雖然被烏雲遮擋，但烏雲總會有消散的一日，能耐心等待的人，必能有緣窺見美麗的月光。

哈佛大學醫學博士，曾經寫過《心靈地圖》一書的派克醫師說過一句話：「沒有耐心做後盾，生活就不具有任何意義。」

他主張，人應該過有耐心的生活，漫無節制絕不會比有耐心來得更深刻，甚至會讓人一事無成。

但是，忍耐與等待都是相當辛苦的，心之所欲不能獲得，更是讓人難受，只不過，焦急躁進並不一定就能夠獲得，反倒是等待之後所得到的果實，可能讓人分外覺得甘甜。

就好像煲一鍋湯，如果不能慢慢地，一次又一次不厭其煩地攪拌，靜靜等待每一項食材在湯中釋放出所有的香甜甘美，又怎麼會有一鍋好湯可喝？花點時間耐心等待，可能是值得的。

有些時候，怒氣一觸即發，假使雙方都不願忍耐退讓，怒氣宣洩的結果可能炸得兩敗俱傷，傷人也傷己。但是，玉石俱焚的結局眞的是我們樂於見到的嗎？如果每個人都沒有辦法體會與學習「忍耐」的功夫，那麼人與人之間的關係必定是一團

混亂。

還記得白羊黑羊的故事嗎？互不相讓的兩隻羊，在橋上你推我擠，誰也不肯讓誰先過橋，最後全都掉到水裡，誰也過不了橋，這又何必呢？

德國最偉大的思想家、劇作家歌德，面對同樣的問題，他的做法發揮了高度忍讓的精神，過人的風度值得我們學習。

有一天，歌德來到魏瑪公園散步，魏瑪公園裡有一處僅容一人行走的小徑，是它的一大特色。

歌德行經這條小徑時，想不到迎面來了一個人。那個人正是前不久才將歌德的所有作品批評得無一是處的評論家。

兩人面對面站住了，只見那批評家站得挺直，態度傲慢地說：「對於一個傻子，我絕不讓路。」

但歌德卻不怒反笑，說道：「我的做法恰好相反。」

說完，歌德隨即臉帶微笑地站到旁邊。

爭一時之氣，不一定能夠讓我們得到什麼，適度的忍耐才能冷靜處理各項生活上的問題。

我們每個人都有許多缺點，相處的時候，你退一步，我讓一步，相互容忍對方，關係自然和諧，如果誰也不讓誰，不斷揭對方瘡疤，硬碰硬的結果，恐怕只會讓彼此更加傷痕累累吧。

耐心是解決種種紛爭、不和的最佳良藥。正因爲我們對彼此的忍耐，所以造就了社會的祥和。

耐心，是可以培養的。遇上問題的時候，別急著生氣，先試著控制自己的怒氣，想清楚前因後果，才能夠據理力爭。偶爾，試著站在對方的立場上想想，試著同理對方的感受，或許「忍耐」做起來就沒有那麼困難了。

對人多一分耐性，對人多一分慈悲，對事多一分容忍，社會自然就減少了許多無謂的紛爭與不和。

你可以決定要如何回應

漸漸放寬心的想法，就能漸漸放鬆自己的做法，乘著輕舟，漂過逆境與險灘，也是一種自在的方法。

有一個觀念很有意思，那就是：「能影響你的，不是別人，不是外物；能影響你的，只有你自己。」

仔細想想，這句話其實說得滿有道理的。雖然在某些情境引導之下，可能會改變了我們的行事作爲，但是，如果不是我們自己決定要順隨形勢，形勢是沒有辦法改變我們的。

簡單舉一個例子，一個人到了餐廳準備點菜吃飯，他本來想點排骨飯，卻發現周圍的幾位客人全都點了雞腿飯，老闆也大力推薦今天的烤雞腿，說不定這個人後來真的決定改點雞腿飯。

這樣的結果當然起源於周遭環境的影響，但是卻不能說是環境幫他做了決定，因爲真正做出決定的是他自己。

每一個人都有權爲自己做決定，當然，也有義務爲自己的決定負責任。

希臘大哲學家蘇格拉底，有一天和一位老朋友在雅典城裡悠哉地散步，一邊走一邊愉快地聊天。

忽然，有位憤世嫉俗的青年出現，拿起棍子打了他一下就跑走了。

他的朋友看見了，氣得立刻回頭就要找那個傢伙算帳。但是，蘇格拉底拉住他，不讓他去報復那人。朋友覺得很奇怪，就問：「難道你怕這個人嗎？」

蘇格拉底回答說：「不，我絕不是怕

他。」

朋友又問：「那麼人家打你，你都不還手嗎？」

此時蘇格拉底笑著說：「老朋友，你糊塗了，難道一頭驢子踢你一腳，你也要回踢牠一腳嗎？」

蘇格拉底想得自在，他不會讓這些不愉快的事物束縛住自己，雖然無緣無故被人敲了一棒，但是當作被瘋驢踢了一腳也就罷了，讓這種莫名其妙的事毀了一整天的好心情，真是一點也划不來。

突如其來的災禍，總不免令人感到憤恨不平，「爲什麼會是我」的疑問，在心頭縈繞不去，心生報復感是理所當然的反應。但是，如果我們讓自己被報復心困鎖住，我們就永遠掙脫不開，也永遠得不到眞正的自由。

因爲，一旦我們的心念被仇恨佔滿，我們所做的一切都是爲了復仇，那麼等到仇報完了，我們也一無所有了。

再說，與人抗爭、針鋒相對，總會有輸有贏或者落得兩敗俱傷，又何必呢？

倘若我們輸了，原本的傷痛又再狠狠地劃上一刀，徒增痛苦；倘若我們贏了，對方他日必來報仇雪恨，恐怕是冤冤相報何時了，鎮日想著對方什麼時候會來報仇，又何嘗不是一種心理負擔呢？

不妨就依蘇格拉底的法子試試，當被瘋驢踢了一腳就算了。或許，驢子是瘋了，那執著要去反踢驢子一腳的人，豈不是和驢子一樣嗎？

不要忘了，每一個人都要承擔自己決定後所得到的結果，不想受什麼果，就別造什麼因。漸漸放寬心的想法，就能漸漸放鬆自己的做法，乘著輕舟，漂過逆境與險灘，也是一種自在的方法。

善用語言和機智，可收得最大利益

我們經常藉由語言的力量，破壞了人與人之間的和諧，讓言語成為另一種傷人的武器。

語言，是一種力量極爲強大的武器。一如其他的武器，語言也是雙面刃，可以傷人也可能傷己，使用時得特別小心。

美國作家霍桑這麼形容過語言的力量：「詞彙——當它們排列在詞典中時，顯得如此單純纖弱，但若掌握在一個懂得如何組合它們的人手中，它們行善或作惡的能力會變得何等強大啊！」

讓我們來見識一下語言究竟有多大的力量。

著名的恐怖懸疑片大師希區考克，據說有一次在蘇格蘭山區裡迷了路，不知走了多久，才在漆黑的夜色之中見到一抹亮光。他立刻加速朝向光亮處前進，總算來到一戶人家門前。

敲了敲門，等了又等，總算有人前來開門。但當他向屋主提出借宿一晚的要求時，卻立刻遭到嚴辭拒絕。

屋主大叫：「我家又不是旅店！我幹嘛要借你住？」

屋主的態度實在不佳，但餓昏了也冷斃了的希區考克不願就此放棄，靈光一閃，故意不懷好意地笑著說：「只要我問你三個問題，就可以證明這間屋子就是一家旅店。」

屋主聽他口氣狂妄，氣不過，便對他說：「好，如果你真能說服得了我，我就讓你進門。」

第一個問題：「在你之前，是誰住在這裡？」

屋主回答：「家父。」

第二個問題：「那麼在令尊之前，又是由誰當家作主？」

屋主回答：「是我的祖父。」

最後一個問題：「假使閣下過世了，這間房子會落到誰手上？」

屋主回答：「我兒子！」

希區考克面露微笑地說：「這不就結了，你瞧，你不過就是暫時在這裡住上一段時間，說穿了和我一樣是個旅客，你還說它不是旅店？」

就這樣，希區考克終於在屋子裡，舒舒服服地度過一個晚上。

希區考克一陣詭辯，就讓屋主啞口無言，不得不出借客房收留他一晚，由此可以知道語言的力量究竟有多大了吧！

英國名作家赫胥黎曾使用非常嚴厲的話語來批判語言對人類的影響，他說：

「語言使我們超越了畜牲的範圍；語言也使我們沉淪到惡魔的水平。」

我們學會如何使用語言，使得知識與文化得以代代流傳，得以在不同民族間交流；但是，我們也經常藉由語言，破壞了人與人之間的和諧，讓言語成爲另一種傷人的武器。

有時候，這種武器，就連最堅硬的盾甲都抵擋不住。

手握如此利器的我們，必須謹慎小心地使用，才能使這種武器的正面力量得到最恰當的發揮。

改變食古不化的想法

別把自己的腦子加上了大鎖，多以開放的心態接納外界的訊息，以幽默的方式相處，才能彼此互動，激盪出創意的火花。

這個世界上有一種人，不會花言巧語，不懂得運用計謀，可能四肢發達，卻只知道直線思考。

很多人表面上說他們單純、天真，其實內心多半在嘲笑他們是「白癡」，然而，他們眞的白癡嗎？眞的一無是處嗎？再退一步想，難道那些嘲笑他們的人，就眞的勝過他們嗎？

有這麼一個有趣的故事，可以讓我們檢討一下，這種不經意就會流露出來的優越感有多麼可笑。

某日，一位被眾人視為白癡的人對天才說：「你猜猜看，我的牙齒能咬住我的左眼睛嗎？」

天才盯著白癡看了幾眼，篤定地說：「絕對不可能啊！」

白癡說：「那，不如我們來打個賭吧！」

天才認為這絕對是不可能的事，於是同意打賭，但只見白癡將左眼窩裡的假眼球取出丟進口中，用上下牙齒咬著。

天才嚇了一跳，說道：「沒想到，真的可以呀！」

白癡又說道：「那你信不信，我的牙齒也能咬住我的右眼睛？」

天才說：「不可能的！」

他心想，難道這個傢伙兩隻眼睛都是假的？這絕對不可能，否則他就看不見東西了。

於是，兩人再次打賭，只見白癡輕易地把假牙拿下，往右眼一扣。

天才再度吃驚了，說：「沒想到，真的可以呀！」

你說，到底誰才是白癡呢？

其實，在這個社會上，對於白癡和天才的定義有很大的雷同之處。

第一、他們的人數不多。

第二、他們都異於常人。

第三、有時候所謂的天才想法，在沒試成功之前，其實看來都很白癡；反之，很多白癡單純執著的舉動，最後卻能激發出天才的靈感。

像愛迪生小時候就曾被視爲白癡，還讓家人擔憂了好一陣子，可見得天才和白癡只有一線之隔。

所謂天才的想法，有時候因爲太過驚世駭俗，超過凡人的想像太多，所以根本無法被接受，甚至遭到排斥，但究竟誰才是眞的白癡呢？

無法被人接受的點子，或是被人視爲天眞、愚蠢的想法，眞的毫無用處，只是浪費時間嗎？

恐怕並不是如此吧。

保持一顆純眞、無住無染的心，以單純與開闊的態度來面對生活難題，並不丟臉。別把自己的腦子加上了大鎖，人類就是需要揚棄自己腦中食古不化的觀念，多以開放的心態接納外界的訊息，以幽默的方式相處，才能彼此良好地互動，激盪出創意的火花。

開懷大笑，抗憂減壓過生活

真正爬上金字塔頂端的人，往往是情緒管理與工作EQ一流，能夠不斷地自我調適，永遠談笑風生，冷靜自若。

現代人生活壓力太大，神經緊繃得過度，思緒狹隘過了頭，於是心理上的毛病一大堆。根據調查，保持心情愉快是長壽的秘訣之一，古希臘哲學家畢達哥拉斯就曾提倡每天唱歌、彈琴來消除憂傷和憤怒情緒。

可是，沮喪和憂鬱這些低潮，就像影子一樣始終存在，只要背對著光亮的時候就會出現，我們除了正面迎擊之外，光是逃避是沒有用的。所以，不妨把低潮的情緒視爲一種試煉，然後尋找積極的方法，打起精神從憂鬱中跳脫出來，自然就能脫離情緒低落的困境。

俗話說：「一笑解千愁」。笑，是對抗憂鬱的一帖良藥，嘴巴笑開了，心也會跟著開闊許多。

傳說中國古時候有位御史，由於長期憂國憂民而罹患一種精神憂鬱症，看了許多醫生，都未能見效。

有一次，他奉旨下鄉訪察民間疾苦，走到半途忽然發了病，地方官員得知後，隨即推薦一位當地有名的老醫生為他治病。

醫生帶著藥箱前來，慢條斯理診脈之後，搖頭晃腦地說：「嗯，大人您患了月經失調症。」

御史一聽，頓時大笑，認為這個醫生老糊塗了。以後，他每想起這件事，就

要大笑一陣，過了不久，他的病竟然自己好了。

過了幾年，御史又經過該地，想起那次診斷之事，特意前去找那位老醫生，想取笑一番，老醫生笑著說：「其實，大人您患的是精神憂鬱症，沒什麼良藥可治，只有心情愉快，才能恢復健康，所以我故意說您患了『月經失調症』，讓您常常發笑，看看對病情有沒有什麼幫助。」

有事沒事多笑笑，只有好處，沒有壞處。放寬心情，我們將會發現很多問題其實沒有想像中的嚴重。過度鑽牛角尖，只會讓自己的路愈走愈窄，最後寸步難行，生活如何能不被陰影籠罩呢？

戴著黑眼鏡過日子，什麼事都灰灰暗暗的，心情當然振奮不起來。

故事中的那位老醫生，高明之處就在於他看出了御史病情的癥結所在；當御史因開懷大笑而將愁緒沖淡，入眼的事物也變得圓滿，憂鬱症自然不藥而癒。

漫漫人生之中，職場生涯可說是一個人壓力的主要來源之一，面對工作上的種種挑戰和人際之間的紛擾糾葛，如果不能適度地自我調適，很容易就會陷入情緒低落的迷宮之中，無法自拔。做事提不起勁，想得到什麼成就，可以說如同緣木求魚。

一般來說，在職場上用ＩＱ做事的人往往比用ＥＱ來得多，但真正爬上金字塔頂端的人，往往是情緒管理與工作ＥＱ一流，能夠不斷地自我調適，即使壓力再大，永遠是談笑風生，冷靜自若。

學習去接受環境不可能盡如人意的事實，控制自己的情緒，進而管理他人的情緒；多微笑、常忍耐，一離開工作環境，就暫時先將工作上的所有事物拋開，聽聽音樂、悠閒散步、睡個好覺、看部電影，然後大聲狂笑或放聲大哭……，適度將整個心放空，壓力也就會漸漸隨風飄散。

壓力不淤積，憂鬱自然不上門，生活也就會變得快樂光明多了。

擔心怎麼走，不如思考怎麼活

如果一個人在世的時候，曾經認真活過，對得起自己、對得起別人，那麼就算過程儀式簡單，也享有生與死的尊嚴。

生老病死，是人生必然要遭遇，也必然要面對的事情。

對華人來說，「生事」與「死事」都是大事，是不能隨隨便便的，但是，聽說過有人光是治喪就花了幾百萬甚至上千萬，想來實在讓人不解，因爲再奢華的喪禮儀式、再廣大堂皇的墓地，對往生者來說，眞的有任何幫助嗎？還是只是爲了在世者的面子問題？

最近生前契約很流行，業者訴求的是生死大事交由自己來決定，所以簽約者可以在生前就立下契約，約定自己的身後事要怎麼安排，讓自己尊嚴地離開人世，同時減輕家人的負擔。

其實，這樣的形式在十八世紀就出現過了。

據說，英國大文豪約翰遜生前曾在西敏寺為自己選了一塊墳地，打算作為死後的最後歸宿。

但在當時並沒有所謂契約的訂定，所以，等到約翰遜臨死之前，家人才發現那塊墓地早就被人佔據了，只剩下兩個墳墓中間還有一小塊間隙，大概可以立著放進一個人。

家裡的人只好無奈地把這個事實告訴了性命垂危的約翰遜，看看他到底希望怎麼來處理自己的身後事。

約翰遜不以為意地說：「既然人可以站著生，那麼當然也可以站著死，就讓我站著死去吧！」

於是，他死後，人們就把他站著埋進了地下。

這麼說來，約翰遜可能是全世界唯一一位死了也屹立不倒的人。

一件小小的插曲，卻可以看出約翰遜為人厚道、隨遇而安的人生觀。

別人佔都佔了，難道要鬧得天翻地覆，非要佔據墓地的墳即刻遷走不可？

無論古今中外，要挖動墳墓可都不是等閒小事，所以這件事處理起來，一點都不容易。

約翰遜的做法，既化解了家人的難處，也成全了自己一貫的生活態度：生的價值勝過死後軀殼。

泰戈爾說：「讓生時美如夏花，死時紅如秋葉。」

一個人只有生而榮耀，死時才值得別人哀悼。試問，一個人如果在世的時候爲富不仁，或者沒有做過什麼值得人尊敬的事，那麼就算他的身後事辦得轟轟烈烈又如何？有什麼意義呢？

反之，如果一個人在世的時候，曾經認眞活過，對得起自己、對得起別人，那麼就算過程儀式再簡單，他也享有生與死的尊嚴。

亞里斯多德說：「我之所以和平庸的人不同，是他們活著為了吃飯，而我吃飯是為了活著！」

所以，與其擔心自己怎麼「走」，不如認眞地思考怎麼「活」，讓自己活得更好，更有意義、有價值。

冷靜，才能隨機反應

冷靜下來，將整件事從頭到尾咀嚼一遍，預想幾個方案以應付不時之需，才不致於腦袋空空、不知所措。

考試的時候，再怎麼艱難的問題，只要經過充足的準備，大都能做出適當的答案。但是，面對臨場反應的考驗時，由於思考的時間不夠，大多數人就很容易就會犯下錯誤的判斷。

有人這麼說：「過於依賴經驗來判斷，會造成反應僵化，危機來臨時當然無法做出智慧的選擇。」

這是因爲，危機不一定是過往經驗中曾經出現過的，無法事先預防，只能看事辦事、隨機反應，不夠冷靜是做不到的。

在高速公路上發生了一起車禍，兩輛轎車互相擦撞，最後終於在路邊停了下來，所幸車主都沒有受傷。

雖然車主沒受傷，可是彼此受到的驚嚇卻不小，身體顫抖不已，也沒有力氣爭個誰是誰非了。

兩人就這麼在路邊坐下來，互相交換名片，一位是徐律師，另外一位是林醫生。

徐律師由口袋裡掏出一小瓶酒來，對林醫生說：「來，壓壓驚！」

林醫生說了聲謝謝，拿起酒瓶咕嚕咕嚕灌了好幾口，才把酒還給徐律師。然而，徐律師接過酒瓶後並沒喝，反而蓋上瓶蓋放到口袋裡。

林醫生見他沒喝酒，於是問他：「你不喝嗎？」

沒想到，徐律師馬上回答道：「要啊！但是要等警察來過以後再喝。」

我們可以想像，林醫生聽了這話，大概恨不得立刻把剛才喝下去的酒全給吐出來，因為等警察來了，發現他滿嘴的酒味，怕是跳到黃河也洗不清了吧！

徐律師使用心理戰術解決車禍問題，顯然勝之不武，但大體上來說，醫師對於法律問題方面的反應，當然是比不上律師。

很明顯的，這起事件和之後的處理方式並不在醫生熟悉的經驗範圍之內，所以，一時不察便著了律師的道了。

喝酒不開車，開車不喝酒，是大家都知道的事，那個醫生也一定知道，但是因爲事發突然，就失去了原本的敏感度。

我們不可能期望自己對於所有的事情都瞭若指掌，但是我們卻可以給自己一點時間冷靜下來，將整件事從頭到尾咀嚼一遍，預想幾個方案以應付不時之需，唯有這樣子，不論接下來事情怎麼發展，才不致於腦袋空空、不知所措。

更進一步的，我們還可以像故事中那名律師一般主動出擊，運用機智先確保自己站穩有利位置。

高手過招強調的是先發制人，在走第一步棋的時候，已想到後十步棋的可能，等對手應一步棋，則想到其後數十步。主動出擊，可以讓自己保持先發主導的地位，而不是只能針對事情做出反應，相對的，還能趁對手反應的時候，有更充足的時間來思索最佳的回應方法。

讓自己保持冷靜，那麼無論臨場如何變化，我們都能夠快速且正確地隨機反應。

把好話說得盡善盡美

不直接點破，加上適度的渲染，就能成功地營造氣氛，「想像裡蘊藏著感覺，而判斷裡又蘊藏著想像」就是說好話的最高境界！

希臘哲學家亞里斯多德曾說：「語言的生動性，是來自使用比擬的隱喻和描繪的能力，運用一種表現方法，把事物在行動的狀態中表現出來，就能『使他們看到事物』。」

所謂「良言一句三冬暖，惡言一句六月寒」，一句話說得好，當然會讓聽話的人心生歡喜。

同樣一句話，因爲文字的排列組合不同，就能讓人有不同的感受；其實一句話說得好不好，關鍵就在於有沒有經過適當的辭藻潤飾。

在西方，作家一旦談起詩的妙用時，總喜歡講這樣一個故事。

在一個寒冷的冬天裡，紐約市的一條繁華大街上，坐著一個雙目失明的乞丐。那名乞丐的脖子上掛著一塊牌子，上面寫著：「自幼失明」。

有一天，一個詩人走近他身旁，他一察覺便向詩人乞討。

詩人嘆口氣說：「我也很窮，不過，我可以給你點別的。」說完，他隨手在乞丐的牌子上寫了一句話。

那一天，乞丐得到很多人的同情和施捨。

後來，他又碰到那詩人，很奇怪地問：「你給我寫了什麼呢？」

詩人笑了笑，唸出牌子上他所寫的句子道：「春天就要來了，可是我卻不能見到它。」

這就是文字的力量，有人說詩是最精練的語言，因為詩能運用最簡短的文字，傳達出最鮮明的映象，直接地命中人們的心靈。

法國作家巴爾札克說：「文學是事實與靈魂相契合後的再現。」又說：「文學的真實在於選取事實與性格，並且把它們這樣描繪出來，使每個人看了以後，都認為是事實。」

這就是詩人送給乞丐的珍貴禮物，他把乞丐的處境生動地用一句話描繪出來，讓路過的每一個人都因爲感同身受，對乞丐生出更多的同情，而在同情之餘不吝加以施捨。

「自幼失明」是陳述事實，但是感覺上隔得很遠，因爲那是別人的事；而「春天就要來了，可是我卻不能見到它」，卻讓每一個感受過春天美好的人，從心中體會看不見春天的痛苦與遺憾。

不直接點破，加上適度的渲染，就能成功地營造感染別人的氣氛，所謂「想像裡蘊藏著感覺，而判斷裡又蘊藏著想像」，應該就是說好話的最高境界吧！

多讀幾本好書，把別人話語詞句中的精華，悄悄地佔爲己有，那麼總有一天，我們一定能做到像羅馬詩人賀拉斯所說：「如果你安排得巧妙，家喻戶曉的字便會取得新義，表達就能盡善盡美。」

PART 8

說話得體，才能無往不利

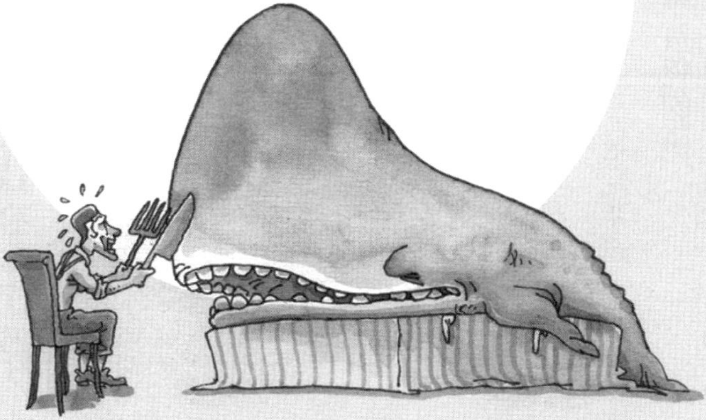

懂得適時適地說好話，才能得到預期的效果，也才能運用話語的力量，在人與人之間製造出減少磨擦的潤滑劑。

活用機智，就能找到出路

遇到困難時要活用自己的機智，與其預先去想種種不可能，一步也踏不出去，還不如花點心思分析多種可能性。

孟子曾經藉魚與熊掌比喻兩者都是自己所需，但是必須有所取捨時，即便左右爲難，也要做出抉擇。

當然，不管選了哪一個，人終究還是會後悔地想著，當初如果選另一個，結果會不會有所改變。

只是，人生並非處處都是是非題，有時轉換一下想法，想要「魚與熊掌兼得」，似乎也不是不可能的事。

著名文學家沈從文的表侄黃永玉，是一位知名的大畫家。

某天，有人問他為何可以一手畫好山水，一手寫妙文章，如此一心二用不怕兩者皆空嗎？

他沒有直接回答，而是說了這麼一個小故事。

甲乙兩名信徒都酷愛吸煙，甲問神父：「我祈禱時可以吸煙嗎？」

神父立刻大聲斥責說：「那怎麼行！」

接著，乙問神父：「我走路時想著上帝，吃飯時想著上帝，如果吸煙時也想著上帝，可不可以？」

神父說：「當然可以。」

這個故事聽起來雖然有點詭辯、賣弄文字遊戲的感覺，但是事情的確不是只有一種處理方法。規定是死的，人是活的，靈活變通便可

以更圓融地面對人生的種種問題。

甲信徒將問題的重點放在吸煙上，至於乙信徒則將焦點鎖定在「心中有上帝」，當然神父所給的答案天差地別。

這當然是一則邏輯上的笑話，但是也可看出立場不同，觀照的重點不同，往往會造成不同的行動與想法。

所以，如果一直想著選了魚就不能選熊掌，或是選了熊掌便會失去魚，那麼這兩者的確沒有辦法全部擁有。然而，若是以既要魚又要熊掌的角度出發去設想，說不定就能找出兩者兼得的好方法。

黃永玉以這個故事妙答別人對他的疑問，說明作畫與寫文章，其實並不互相牴觸，可以同時進行。

當然，人是沒辦法一邊寫文章一邊作畫，又不是金庸筆下人物小龍女，可以左手畫圓右手畫方，雙管齊下；可是，卻可以在寫文章的時候心中織構美麗的畫面，而在繪製山水時創造詩意的詞句，兩者並不相違背。

現實生活也是如此，遇到困難時要活用自己的機智。與其預先去設想種種不可能，一步也踏不出去，還不如花點心思分析各種可能性，畢竟條條大路通羅馬，很多小路也可以通抵羅馬，只要想走一定走得到。

就算山窮水盡，自己炸開一條路也是一種辦法，只要多運用創造性的思考，前景必然會有柳暗花明的驚喜。

用機智化解彼此的爭執

> 夫妻之間，應該要維持對等的態度，外在的身分地位，最好不要帶進兩人的生活裡，更切記別帶回房裡。

儘管有人鎮日想著如何攀龍附鳳，看看是不是能夠少奮鬥個二、三十年，坐享婚姻關係所帶來的好處，不過，大部分人還是由衷希望自己能夠覓得一位完美的終生伴侶。

但是，就算神仙眷屬，也需要面對日常生活中的種種煩惱，也和平凡夫妻一樣有他們各自的家庭問題需要去解決。

每個人都是不同的個體，人與人之間永遠不可能相同，彼此之間只要有了比較，就有了差異，就有了高低。

平心而論，有誰願意永遠被壓得死死的？積怨久了，就很容易發生爭執。這樣的關係如果出現在親密的夫妻之間，往往就成了家庭爭執的主要導火線，倘若夫妻二人不能冷靜下來彼此協調，修正彼此的態度，想要「床頭吵，床尾和」可就不那麼容易了。

身為大不列顛帝國最高領袖的維多利亞女王，在身分和地位上當然比起自己的夫婿高出許多。

但即便是皇室婚姻，本質也是由一男一女組成的平凡夫妻，平常人會遇到的家庭問題，他們也同樣會有，而且更易產生衝擊。因此，女王與妻子、丈夫與臣下，雙重的身分使得他們夫妻間的關係變得複

雜多了。

有一次，維多利亞女王因為細故與丈夫吵了架，丈夫一怒之下獨自回到臥室，閉門不出。

等女王打算回臥室時，卻不得其門而入，只好敲門。

丈夫在裡邊問：「誰？」

維多利亞傲然回答：「女王。」

沒想到裡面既不開門，也無聲息，她只好再次敲門。

裡頭又問：「誰？」

「維多利亞。」女王回答。

還是沒有動靜，女王只得再次敲門。

裡頭再問：「誰？」

女王學乖了，柔聲回答：「你的妻子。」

這一次，門終於打開了。

只要是夫妻，一定會有吵架的情況發生，當彼此的意見相左之時也難免會發生一些爭執。

維多利亞女王萬人之上，又豈可能屈居於一人之下，即使那人是自己的丈夫，端久了的架子，當然很難放得下來，對丈夫頤指氣使的情況一定在所難免，吵架的時候八成也會佔上風；於是，身爲女王的夫婿就必須在「男子漢」和「軟腳蝦」之間做出選擇。

維多利亞女王的夫婿做法冷靜多了，在當下與外人之前不吵，目的就在於尊重對方的身分地位，但是心中的怒氣可還是得找個管道來宣洩，我不開門總可以吧！想進門就先放下女王的身段再說。

既然要共同生活，就應該了解彼此的尺度與限度，如果單方面長久忍耐，最後勢必導致悲劇收場。

夫妻之間，應該要維持對等的態度，互信互賴、相互尊重才對，外在的身分地位，或是社會上的形象，最好不要帶進兩人的生活裡，更切記別帶回房裡。更重要的是，要懂得用機智幽默化解彼此的爭執衝突。夫妻的情分可是修了一百年才得到的，當然要一起走得長長久久，相互扶持，相互照顧。

在這個養兒難防老的時代，如果能有個相知相惜的老伴相陪，可以說是再幸福不過的事了。

心境決定環境，氣度決定一個人的高度，如果你對眼前的人事物感到厭倦，不妨靜下心來用寬闊的心胸加以看待，如此一來，你便會從生活和工作中，看到開闊的前景，找到屬於自己的快樂。

別被馬屁薰昏了頭

在享受恭維的同時，可別被薰得陶陶然，飄飄欲仙而忘了自己是誰，畢竟會拍馬屁的人，都是為了某種目的而來。

即使時代變遷，世事紛迭，馬屁文化仍舊歷久不歇。

爲了達成自己的目的，說句好聽的話吹捧吹捧對方，對自己沒什麼壞處，說不定能得到更多的好處，畢竟誰都愛聽甜言蜜語。

只是，當馬屁迎面而來的時候，你能夠把持住自己的立場和行事風格，不被薰昏了頭嗎？

防範馬屁的第一守則，就是要保持鎮定，不要幼稚得別人家才說了幾句好聽的話，就高興得飛上天。

在第二次世界大戰中，邱吉爾對於保衛英倫三島不受德軍侵犯，有卓越的功勳，也深受民眾景仰。

戰後，他退下首相之位，當時，英國國會原擬通過提案，為他塑造一尊銅像，置立於公園內，讓眾瞻仰致意。

一般人均將此視為殊榮，高興還來不及，怎麼可能推辭？

但是，邱吉爾卻笑著回絕了。

他對國會議員們說：「多謝大家的好意，不過，我怕鳥兒喜歡在我的銅像上拉屎，還是請免了吧。」

這就是邱吉爾的幽默，在玩笑之中婉拒了一群馬屁精的提議。本來嘛，建座塑像有什麼實質的作用呢？還不如將這些預算用在更有意義的事情上，比方設立為戰後重建基金，所能受惠的人不是更多呢？

身分地位愈高的人，被拍馬屁的機會就愈高，而且拍來的馬屁也愈高明，但是，在享受恭維的同時，可別被薰得陶陶然，飄飄欲仙而忘了自己是誰，畢竟會拍馬屁的人，都是爲了某種目的而來，是不是眞心的恭維可就不得而知了。

雖然說要不要答應他們的要求，或是欠他們人情，選擇權是握在自己手上，但是對方可不會輕易地放棄呢！

要是遇到手段拙劣的馬屁精，拍得膚淺又沒拍到應拍的部位，那可就不是那麼令人愉悅的事了。

有的身居高位的人馬屁被拍多了，難免會對自己的周遭產生懷疑，懷疑別人對自己的好是否都有不良意圖，疑神疑鬼之餘，反而有了許多無形的精神壓力，這又何苦來哉呢？

如果別人虛情假意的恭維，讓自己感到不舒服，那麼就虛應一番，轉移對方的注意力，聰明的人一聽就明白，也就不會再窮追猛打。

至於少根筋的馬屁精，必要時就得嚴正地婉拒，讓對方明白自己的立場，才是釜底抽薪的最佳解決方案。

說話得體，才能無往不利

懂得適時適地說好話，才能得到預期的效果，也才能運用話語的力量，在人與人之間製造出減少摩擦的潤滑劑。

黎巴嫩詩人紀伯倫曾經這麼說：「幽默感就是分寸。」又說：「風趣往往是一副面具。你如能把它扯下來，你將發現一個被激惱了的才智，或是在變著戲法的聰明。」

幽默的話語可以怡情養性，也可以增添生活情趣。

不過，說話可是一門大藝術，話說得得體、說得漂亮，可以事半功倍，相得益彰，爲整體表現加分。

相對的，一旦話說得不好，則反而會招來反效果，不如不說。

大作家馬克．吐溫曾經收到一位文藝青年的來信。

這位年輕人初學寫作，除了在信中對馬克．吐溫表達欣羨、敬仰之意，還提出了一個問題請教馬克．吐溫。

「聽說魚骨裡含有大量有助於補腦的成分——磷質，那麼要成為一個舉世聞名的大作家，就必須吃很多的魚才行吧？不知您覺得這種說法是否符合實際？」

接著，他又問道：「您是否也吃了很多的魚，吃的又是哪一種魚呢？」

馬克．吐溫讀完這封令人哭笑不得的信，只簡單地回覆幾個字：「看來，你恐怕得吃下一隻鯨魚才行。」

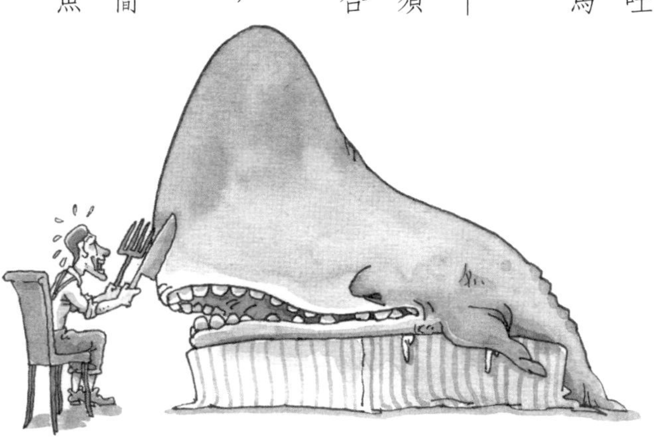

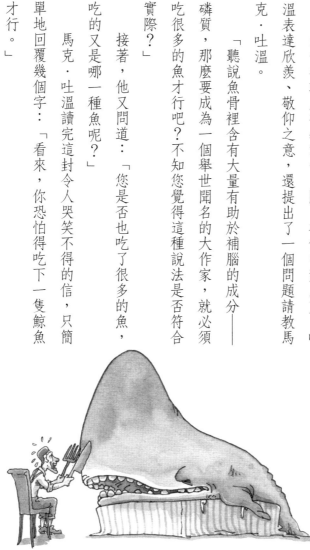

如果這位讀者根本不是馬克．吐溫的書迷，而是要寫信來吐槽的，那就另當別論，不然，原本一封向自己喜歡的作家表達敬意的書信，最後卻落得作家冷冷回應，心中必定感到錯愕。

但仔細想想，爲什麼馬克．吐溫讀了信，卻一點也不覺得高興，反而覺得有必要回信諷刺一番呢？

問題就出在那位讀者膚淺幼稚、用詞不當，縱使說者無心，但聽在聽者耳中，卻完全不是那麼一回事，誤會很難不產生。

特別是馬克．吐溫對於來信者又不熟識，當然沒有辦法考量對方是否沒有惡意。在不悅之餘，還能以幽默的態度來回敬，已經算是好修養了。

懂得適時適地說正確好話，才能得到預期的效果，也才能運用話語的力量，在人與人之間製造出減少摩擦的潤滑劑，處事圓融、說話得體、態度眞誠，人際關係便能無往不利。

卑微，也是一種成功的手段

溝通的模式有千百種，唯有靈活運用智慧，看準時機，善用方法，才能胸有成竹地完成任務。

挺拔的大樹和柔韌的小草比較起來，的確是大樹威嚴強勢多了，但一旦颶風襲來，大樹卻往往難逃摧折的命運，反倒是看來柔弱不堪的小草，順風匍匐，得以保全了自己。

其實，現實的人生也是如此，強者不一定每次都能夠順利成功，硬碰硬的結果，很可能是兩敗俱亡，對誰都沒好處。卑微，在必要的時候，其實也可以是一種成功的手段。

愛因斯坦以提出相對論的理論而名聲大噪，但生活仍一如平日般樸實的他最討厭出風頭，面對接連不斷的作家採訪或畫家繪像的要求，他一概予以拒絕。

但是有一次，他卻改變了態度。

那一天，一位畫家前來請求為他繪製畫像。

愛因斯坦照例以一貫的態度快速地回絕道：「不，不，我沒有時間。」

「但是，不瞞您說，我非常需要畫這幅畫所得的錢啊。」畫家表情懇切地拜託說。

「喔，那就是另外一回事了，」愛因斯坦改變了態度：「我現在就可以坐下來讓您畫像。」

愛因斯坦是一位極重原則與個人隱私的學者與科學家，他生性淡泊、不喜熱鬧、討厭記者，以及絕不多話的特色，幾乎和他對於科學的執著鑽研態度齊名。

但是，這名畫家卻能突破他的心防，使得愛因斯坦改變初衷，坐下來讓他為他畫肖像——原本他極為厭惡的事。

因為，這位畫家掌握了愛因斯坦心慈的一面，善用了自己弱者的形象，於是輕鬆地達到目的。

每個人自然而然地會對比自己弱小的對象放下心防，或許伸出援手，或許緩下毒手，因爲狠不下心。

因爲，有弱者的存在，才能突顯強者。

這個世界不可能人人永遠都當強者，所以，有時候示弱並不算丟臉，而是一種高明的心理戰術。

吹捧有兩種方式，一種是哄抬別人，一種是壓低自己的姿態，後者就是善用弱者的形象，是爲了達到目的的手段。

溝通的模式有千百種，唯有靈活運用智慧，看準時機，善用方法，才能胸有成竹地完成任務。

成功的人，往往懂得控制自己的心境；失敗的人，則容易困在負面情緒裡作繭自縛。

面對不如己意的事情，最重要的其實是先處理好自己的心情，這將決定你最後是化阻力爲助力，舉步向前邁進，抑或就此敗在惡劣的心情之下。

善用金錢而不為金錢所利用

把金錢用在最有價值之處，讓金錢成為成功的助力，而不是淪落為金錢的奴隸，沉溺於苦海之中難以脫身。

對於物質生活的需求，主宰了我們絕大部分的行動。為了幫助自己與家人存活，我們必須耗費勞力、心力等代價來換取物質上的滿足。所以，金錢概念儼然成爲每一個人的生活重心。

在金錢的壓力之下，我們的所作所爲早已失去自由，因爲當我們要做某個決定時，金錢永遠會是第一個考量。

然而，我們還是可以不要成爲金錢的奴隸，只要眞正認清金錢的意義，只要求基本的物質需求獲得滿足，或許我們就能將金錢在生活中所佔的比重減輕。

可惜，弔詭的是，對許多人來說，物質需求似乎永遠沒有滿足的一天，也因此，對於金錢的需求始終桎梏著許多人。

英國著名的格林威治天文台，以全球時間的基準點而聞名。

自十五世紀新航路發現後，經緯度的概念成為航海的新重心。一六七五年，英格蘭國王查爾斯二世下令在格林威治設置一個天文台，希望能藉由對星象的研究找出各地的經度，以精進航海術。

後來，世界各國的往來益發頻繁，加上各國使用的時間標準不同，引發了不少問題，於是一八八四年時，各國在美國華盛頓特區召開了國際經線大會，與會的二十五個國家均同意將本初子午線設置於倫敦的格林威治，從此格林威治便成

為東西經零度的地方。

格林威治原本只是倫敦城外的一個小小村落，經過這次國際會議搖身一變，成了世界知名的場所。

有一次，英國安娜女王前來參觀格林威治天文台，台長詹姆斯·布拉德萊負責接待。他除了一路仔細導覽之外，也耐心回答女王所提出的每一個問題。

參觀結束後，當安娜女王得知布拉德萊的薪水非常微薄時，感到非常驚訝，頻頻表示要提高他的薪資。可是，布拉德萊聽了卻連忙懇求她千萬別這麼做。

女王對於他的請求感到很詫異，想不到還有人不要錢的。

布拉德萊回答說：「如果這個職位可以帶來大量的收入，那麼我擔心以後到這個職位上來的人，將不再是天文學家了。」

布拉德萊這一段看似幽默實則睿智的話，點出了許多人對工作和金錢的盲點。有些人在選擇工作時，在乎的是個人能力能否發揮與表現，但是，也有人是以金錢爲導向。不管哪一種做法，其實都沒有對錯，因爲關鍵在於每個人對工作成就感的判斷標準爲何。

如果，你認爲只有錢才能令你滿足，當你工作的時候，你所在乎的就是報酬的多寡，至於工作的內容與價值，則多半不在評斷的範圍內。也就是說，你可能會花費絕大部分的時間，去從事你不甚喜歡的工作，只要它能夠爲你帶來足夠的金錢報酬就好。

也或許，你對於工作的期望在於自我能力的實現，那麼你將會追求每一樣工作的回饋，你在乎的是能否從事喜歡的工作、是否對工作環境滿意，因而即使工作報酬不高，你仍能甘之如飴。

布拉德萊擔心的是，一旦天文台台長的職位成爲一個高薪利多的位置，未來希望爭取這個職位的人，以及獲得這個職位的人，將不再是只有對天文學有興趣的人。畢竟，有許多人願意爲了金錢而捨棄自己的興趣。這樣的結果，對天文台的研究工作而言，自然是弊多於利了。

「人盡其才，物盡其用」是管理經營的一大原則，把合適的人放置到適當的位置，就能夠達到最大的經濟效益。同理，在研究的領域中，興趣與熱情往往是執著於鑽研學問的最大動力，一旦失去熱情，或是迷失了方向，該研究的未來也多半會受到影響。

在金錢之前能夠把持住自己的人並不多見，在理想之前能夠不爲金錢迷惑的人也不多見。雖然，我們並不需要假道學地排拒金錢所帶來的物質享受，卻不必要爲了物質享受而被金錢奴役。

要想獲得清明的心，就該期許自己成爲一個善於運用金錢的人，把金錢運用在最有價值之處，讓金錢成爲成功的助力，而不是淪落爲金錢的奴隸，沉溺於苦海之中難以脫身。

天賦與努力都是成功的關鍵

找尋出自己的天才之處。結合了努力與天賦，成功就絕不是攀登不了的空中樓閣了。

很多人支持「後天決定論」，認為許多先天所缺乏的部分，都可以經由後天的努力予以補足。

當然，我們能從種種例證當中，體認到「勤能補拙」的重要性，但還是不可否認，如果一個人真的天生就不具備某種資質，但卻硬要在這一個領域裡登峰造極，那實在是困難重重，甚至有些緣木求魚。

我們相信，天資不能決定一切，然而，天賦卻主宰了結果的可能性。

據說，愛因斯坦在成名之後，他的次子愛德華曾問過他這麼一個問題。

愛德華問：「爸爸，你到底為什麼會變成名人呢？」

愛因斯坦聽了之後，先是一陣哈哈大笑，在神色收斂後，才意味深長地說：「你瞧，這隻甲蟲在球上爬著，它不明白自己所走的路是彎的，可是我卻能明白。」

或許有人會說愛因斯坦的回答過於狂妄，但不可否認的是，愛因斯坦的研究在當時確實令許多人望塵莫及。

他的學說理論，對於當時的物理界是一項空前的大挑戰，就算直到今日，仍有許多人蒙受其惠。

據說，在愛因斯坦死後，他的大腦被某一個研究機構保存下來，因為他們想要了解為什麼這個人可以想出這麼多新奇的想法。

由此可見，人們非常好奇愛因斯坦的大腦結構是否有別於一般常人。從這一

點看來，我們大概也能體會到愛因斯坦所言不虛了。

從古至今，有許多研究者投入物理學界，也有非常多人是花費了一輩子的心血在做研究，但是，能夠像愛因斯坦一樣享有聲譽的人卻不是很多。

因爲，愛因斯坦的想法或作爲確實都超出了當代表現許多，他的研究幾乎推翻了人類原本對物理學的某種成見與偏見，也因此他才能成爲物理學發展史上一個重要的里程碑。

音樂家舒曼曾說：「人才進行工作，而天才進行創造。」

這句話聽來殘忍，但卻相當眞實。有些人付出了一切，仍舊未能獲得自己所期望的表現與成就；但有些人，卻像是老天爺天生賞飯吃一般，未見他們花費極大的努力就有所成就。

因此，當你發現自己在某個領域只能當個人才的時候，無須自傷，反思你靈光乍現的時刻，或許你就能找尋出自己的天才之處。如此結合了努力與天賦，成功就絕不是攀登不了的空中樓閣了。

PART 9

拐彎抹角
有什麼不好？

以幽默的方式，不直接面對問題，而採取拐彎抹角的手段，可以消弭彼此針鋒相對的尖銳感，當然，也可以更圓滿地解決問題。

激將法也是致勝的籌碼

冷靜自若，讓自己成為一個懂得激將卻不易受激的人，在短兵交接的時刻，無疑多了幾分致勝籌碼。

有求於人的時候，有兩種方法，一種是捧著好處放低身段地請將，另一種則是拉高姿態惡意激將。

雖然不是每個人都適用，但有時候激將法運用得好的話，往往能夠達到四兩撥千斤的效果。

義大利著名音樂家朱塞威爾第以《阿依達》等歌劇聲名風靡世界。一天，他乘坐的那列火車停靠在一個小城市的車站，而這個車站的站長就是一個極其崇拜威爾第的人。

因此，當站長發現偶像威爾第近在眼前，便想趁此機會與這位難以接近的音樂大師說說話，並想如果能得到他的親筆題名就再好不過了。

於是，這名站長想出了一個「歪點子」。

突然，威爾第乘坐的火車車門大開，站長走了進來，表示要對每一位乘客查票。

威爾第把票遞給了他，站長查完票後，故作負責的樣子，開始發問：「這個車廂比較髒，您不覺得討厭嗎？」

「我並不覺得髒啊。」威爾第不置可否地說。

「就算這樣，您也不該把腳踩在對面的座位上呀！一個

有教養的人絕不應該這麼做。」站長擺明了找麻煩。

「你把我看作沒有教養的人了？」威爾第聲音高了起來。

「對，正是這樣。」

「哼！這簡直太過分了！我要投訴，請把您的意見本拿來！」威爾第這下子真的被惹火了。

站長馬上跑出去把自己預先準備好的簽名簿拿了回來。威爾第一拿到本子就立刻振筆疾書，在上頭寫滿了自己的意見。

這時站長覺得「陰謀」得逞，馬上講明了自己的「騙局」，並請求這位音樂大師寬宏原諒，威爾第聽了後還是樂呵呵地簽上了自己的名字。

像這個車站長利用刻意激怒對方，以達成自己目的的方法，就是運用了激將法。

當然，車站長也可以一開始就表明自己的想法，請求威爾第幫他簽名，但是威爾第很可能爲了不引起衆人的注意或嫌麻煩，不肯簽或是乾脆不承認自己

是威爾第，那麼車站長也拿他沒辦法。

沉不住氣的人，特別容易受激，有些事一怒而成，但是很多時候，受激者往往不能冷靜的判斷是非，造成憾事。歷史上，很多戰爭原本有利的一方，就是因爲中了對方的激將法而貿然出兵，使得局勢整個逆轉。

只不過，激將法的使用也要因人而異，有些人就是沉穩有修養到讓你激不了，也是沒轍。像東晉偏安江南，淝水之戰攸關政權存亡，宰相謝安卻若無其事地與朋友下棋時，後來得知姪兒謝玄力克敵人，獲得勝利，也同樣喜不形於色，依然冷靜下棋。

而三國時代，諸葛亮能冷靜地以空城計騙過司馬懿的十萬大軍不戰而退，又能一言激得孫權同意出兵對抗曹操，稱得上是一名深諳情緒智慧的人，能將這招激將法使得游刃有餘，進退從容，他能有這樣的智謀，就是充分地掌握了人性的種種弱點。

冷靜自若，讓自己成爲一個懂得激將卻不易受激的人，在短兵交接的時刻，無疑多了幾分致勝籌碼。

含糊其辭也是一種說話藝術

善用說話的藝術，選擇最好的答案，既能維持周遭的互動氣氛良好，又能成功達到自己的目的，豈不是兩全其美？

在與人交往的過程中，有些狀況需要我們表態，卻很難三言兩語說清自己的意思，因爲不論說眞話還是說假話，都容易得罪人，都很爲難。

宋朝著名政治家也是文學家王安石的兒子王元澤，在很小的時候就能把這樣尷尬的狀況處理得相當圓融，值得我們多加學習。

有一次，王安石在家中設宴，王元澤也跟著家人出來向客人問好，有一個客人欺負他年幼，故意把一頭獐和一頭鹿放一個籠子裡，問王元澤哪一頭是獐，哪一頭是鹿。

王元澤不多想就回答說：「獐旁邊的那頭是鹿，鹿旁邊的那頭是獐。」

旁觀眾人不禁喝采，稱讚他答得妙，而那名客人聽了這個不是答案的答案，反而說不出話來。

正確的答案當然是明白地說出獐和鹿外表的不同，但是年幼的王元澤可能根本就不知何謂獐，何謂鹿，這名客人刁難的成分相當明顯。

結果，王元澤含糊其辭的運用了邏輯上「非此即彼，非彼即此」的推理方法，不確切地指明哪頭是獐、哪頭是鹿，反而說獐的旁邊是鹿，鹿的旁

邊是獐；也就是說眼前兩隻動物，不是獐就是鹿，反之亦然。

邏輯的道理再簡單不過，但妙就妙在這個「含糊其辭」的答案上，怎麼說都對，又不得罪人，著實妙答。王元澤小小年紀，就能如此機智過人，不得不令眾人嘖嘖稱奇。

我們不可能期望擁有一個毫無問題、極其順遂的人生，然而，只要有問題，就會有答案，卻沒有正確的答案，只要你能自圓其說，就是好答案。

所以，我們不妨學學運用王元澤的機智，在左右爲難的時候，乾脆含糊其辭，以求左右逢源之效。

所謂山不轉路轉，路不轉人轉，有人解釋說：「我們的方向不變，只是改走一條適合自己的路。」

多發揮自己的機智，善用說話的藝術，我們解決問題的目標不變，但是我們可以選擇最好的答案，既能維持周遭的互動氣氛良好，又能成功達到自己的目的，豈不是兩全其美？

善意的謊言，不說不行

真相當然只有一個，但是有時善意的謊言才是力挽狂瀾的良策。在錯誤的時機裡，「實話」可能反而是殺傷力強大的致命武器。

還記得一部電影嗎？電影中一張嘴能將死的說成活的律師，為求官司順利說起謊來面不改色，最後因為兒子許願要他一天不得說謊只能說真話，結果引來一籮筐的麻煩，生活頓時天翻地覆。

當然，說謊不是一件好事，可是，有一些謊卻不說不行。

有一次，英國王室於倫敦舉行晚宴，招待多位來自印度當地的貴賓，以期促進英印之間的友好關係，保障英國在印度當地的種種商業利益。

這場招待晚宴，安排交由當時還只是皇太子的溫莎公爵負責主持。

宴會過程中，達官貴人們觥籌交錯，賓客相談甚歡，氣氛頗為融洽。

可是，就在宴會快要結束時，侍者為每一位客人端來了洗手盤，來自印度客人們並不清楚洗手盤的作用，看著精巧的銀盤，盛著清徹晶亮的水，竟端起來一飲而盡。

這個舉動看得席間作陪的英國貴族們個個目瞪口呆，不知如何是好，一時間氣氛尷尬極了，大家只好紛紛把目光投向主持人。

只見溫莎公爵神色自若，同客人一般端起自己面前的洗手盤，一飲而盡，絲毫不以為意，依然與客人談笑風生。大家看了，楞了一下，隨即跟著紛紛倣效，

本來可能會造成難堪與尷尬的危機，就在溫莎公爵發揮機智之下，頃刻間化為烏有，宴會維持了原本的和諧氣氛圓滿結束，也得到了預期的效果。

突如其來的危機，往往會讓人一時心慌而難以招架，如果不能沉著應對，事情砸鍋便成了最壞的結果。

英國人著重表面功夫，對於禮節更是吹毛求疵，印度人從來沒見識過英國皇室的餐桌禮儀，會出錯也是在所難免；只是當時若直接上前指正，不只客人覺得丟臉尷尬，主人也不見得掛得住面子，最後必定兩敗俱傷，不歡而散。

反觀溫莎公爵冷靜的做法，化危機爲轉機，或許不合禮節，但此舉顧全了主賓彼此的顏面，熱絡了現場的氣氛，可說是一次成功的社交模式。

眞相當然只有一個，但是有時候，善意的謊言卻可能才是力挽狂瀾的最佳良策。「說實話」確實是一種良好的品性，但是在錯誤的時機裡，「實話」可能反而是殺傷力強大的致命武器。

心機最好耍得不著痕跡

一味的破口大罵，甚至出手動粗，並沒有辦法真正解決問題。最聰明的做法，就是不著痕跡地讓別人順從自己的想法。

《孫子兵法》上有云：「將欲取之，必先予之」，意思是說，爲了要達成某項目的，就必定得要先做些讓步才行。

溝通要順利，首先要懂得順著對方的心意，即使犧牲了自己的面子，也要想盡辦法佔盡裡子。

想讓別人照著自己的想法走，要先肯定對方，徹除他的心防與武裝，如此才能操控整個局面。

一名剛退休的老人，回到家鄉買下房子，打算在那兒安安靜靜地度過自己的晚年，利用這段人生最後的時間，寫本回憶錄作為紀念。

剛開始的幾個星期，一切都好極了，安寧的環境對於老人的精神和寫作很有助益。

可是，這樣的好日子並不長久，不知從哪一天開始，三個半大不小的男孩子每天放學後，就來到老人家附近玩耍，他們愛極了把幾只破垃圾桶踢來踢去，玩得不亦樂乎。

噪音嚴重干擾了老人的寧靜生活，最後他終於受不了，決定出去跟這幾個年輕人談判。

「小朋友，你們玩得真開心，」他說道：「我很喜歡看你們踢桶玩，如果你

們每天來玩的話，我每天給你們三個每人一塊錢。」

三個男孩子聽了高興極了，踢垃圾桶居然還有錢可以拿，於是更加起勁地表演他們的足下功夫。

過了三天，三個人又來踢垃圾桶，踢完了打算找老人要錢。但只見老人愁眉苦臉地說：「沒辦法，通貨膨脹使我的收入減少了一半，從明天起，我只能給你們五毛錢。」

這群年輕人聽了很不開心，但還是勉強答應每天下午來踢垃圾桶。可是，一個星期後，老人又愁眉苦臉地對他們說：「最近都沒有收到養老金匯款，對不起，每天只能給兩毛了。」

三個人忍不住發作了。

「兩毛錢？」其中一個男孩子臉色發青，「你以為我們會為了這區區兩毛錢，浪費寶貴時間來為你表演？告訴你，我們不幹了。」

從此以後，老人回到了原本安靜的日子。

對於自己不滿的事物，一味破口大罵，甚至出手動粗，並沒有辦法眞正解決問題。

如故事中的老人，若他只是大吼大叫，威脅這些男孩子，不許他們來踢垃圾桶，他們不見得會聽，說不定反而踢得更兇，讓老人日夜不得安寧，最後吃虧的還是老人。

老人只有兩個選擇，一個是忍受那些噪音，直到那些年輕人厭倦了爲止；另一個則是想個辦法讓他們主動放棄踢垃圾桶。

最聰明的做法，就是不著痕跡地讓別人順從自己的想法。

老人假意附和三個年輕人，掌握住他們想佔便宜的心態，先給他們吃足了甜頭，然後再慢慢剝他們的權益，無形中加速了他們感到厭煩的情緒，最後完全達到老人預期的目的。

想要前進一大步，就要先後退一小步；爲了獲得自己想要的，有時就得先捨棄一部分利益。不懂得忍耐克制，就很難飽嘗勝利的果實。

拐彎抹角有什麼不好？

以幽默的方式，不直接面對問題，而採取拐彎抹角的手段，可以消弭彼此針鋒相對的尖銳感，當然，也可以更圓滿地解決問題。

「以偏概全」是人性的一大弱點，人的想法和觀感一旦產生偏見，造成既定印象，就很難改變。

所以，如果你遭到誤解，除非自己眞的一點也不在乎，否則就得好好想個方法來讓事情「眞相大白」，爲自己「洗清冤屈」了。

有位養雞場的主人，向來討厭傳教士，因為他覺得大多數傳教士嘴上講的是一套，實際做的又是一套。於是，這名養雞場主人，有事沒事就喜歡信口說說傳教士的壞話，到處散佈謠言。

一天，有兩個傳教士找上門來，向養雞場主人說想買隻雞。即使是自己討厭的傢伙，但生意上了門，總不好往外推吧！養雞場的主人於是忍著心中不快，帶著兩名傳教士來到雞場裡，讓他們自己去挑。

只見這兩名傳教士在偌大的養雞場中走來走去，挑了半天，卻抓來一隻毛掉得差不多，看起來病奄奄又相當難看的跛腳公雞。

主人心裡感到奇怪得很，不禁問他們，為什麼滿園子都是活蹦亂跳的雞，而他們偏偏挑上這隻。

其中一位傳教士聳聳肩回答：「我們是想把這隻雞買回去，養在修道院的院子裡，然後告訴大家，這是你的養雞場養出來的雞，順便為你做做宣傳。」

主人一聽，心中不禁著急，連忙搖手：「不行！不行！你們看這養雞場裡的雞，哪一隻不是漂漂亮亮、肥肥壯壯的，就這一隻不知道怎麼搞的，一天到晚愛打架，才會弄成這副德行。你們拿牠來宣傳，大家會以為我的雞全是這樣，那可不成！你們改挑別的雞吧！否則，這對我來說，實在太不公平了。」

另一位傳教士笑嘻嘻地說：「對呀，只是，你的行為不也是如此嗎？少數幾個傳教士行為不檢點，你就以他們為代表，一竿子打翻了一船人，對我們來說，不也是不公平嗎？」

養雞場主人這才明白自己的偏見過了頭，於是，不好意思地抓來了隻肥美強壯的大公雞送給兩位傳教士，並答應不再胡亂說傳教士的壞話了。

傳教士「以其人之道還治其人之身」的法子奏了效，養雞場主人擔心「負面廣告」成真，壞了自己的生意，忍不住提出抗議，而傳教士則藉此讓雞場主人對於「被誤解」一事感同身受。

像傳教士一樣，設法讓對方有機會站在自己的立場上感受一下，其實是不錯的方法，可以讓彼此冷靜地再權衡一下，看看究竟是「偏執」還是「事實如此」，相信結果會有所不同。

以幽默的方式，不直接面對問題，而採取拐彎抹角的手段，可以消弭彼此針鋒相對的尖銳感，當然，也可以更圓滿地解決問題。

閃避迎面而來的攻擊

不動聲色地沉著應對，看清楚對手攻來的方向，看明白對手所持的武器，再伺機反擊，才能制伏敵人。

批評，其實是一種進步的動力，唯有透過別人的眼睛，才能檢視出自己的盲點，然後修正錯誤，重新整裝出發。

不可諱言的是，別人的批評一定帶有主觀的意見，難免會有偏激或謾罵的言論出現，這種情形特別容易發生在高層領導者的身上。因爲，高層領導者所做的決策，影響到的人數越多，對於每一個個體的需求與照顧也越難周全，當然，所遭遇到的批評與攻訐，也比旁人更多。

那麼，當我們不可避免要遭遇批評時，我們該如何自處呢？

或許，可以聽聽美國總統傑弗遜的答案。

有一次，德國科學家巴倫前來白宮，拜訪美國總統傑佛遜時，不經意間在總統的書房裡看到一張報紙，細讀之下，發現上面的評論，全是辱罵總統的攻擊之辭。

巴倫氣不過，抓起報紙憤憤地說：「你為什麼要讓這些謠言氾濫？為什麼不處罰這家報社？至少也該重罰編輯，把這個不尊重別人的傢伙丟進監獄。」

面對眼前氣得頭髮快要冒煙的巴倫，傑弗遜卻微笑著回答說：「把報紙裝到你的口袋裡，巴倫。如果有人對我們實現民主和尊重新聞自由有所懷疑的話，你可以拿出這張報紙，並告訴他們你是在哪裡見到的。」

新聞媒體的負面評論，當然一定會帶來相當大的影響，但是並非全世界的人都相信該媒體的說法。

所以，如果傑弗遜如同巴倫一般惱羞成怒，甚至利用自己的權勢對該媒體進行施壓、報復，不就反而讓人以為他是心中有愧，被人刺中痛處，才有如此暴跳如雷的舉動。

當你準備處理事情之前，千萬別忘了先處理自己的心情。

只要不任由糟糕的心情做主，就不會有那麼多糟糕的事情！

想要終結毀謗，最好的方式就是不去辯解，讓謠言不攻自破。

身處越高層的人，所得到的掌聲與注目越多，相對的所受到的攻擊也會與日俱增，誰教你目標顯著？

正所謂「譽之所至，謗必隨之」，敵人一定會從你的弱點不斷地攻來，能否坦然處之，不正中敵人下懷，就得看你如何運用智慧去化解危機。

有些事越澄清越模糊，越解釋越讓人覺得可能還有所隱瞞，反而對自己不利，麻煩揮之不去。

不如不動聲色地沉著應對，看清楚對手攻來的方向，看明白對手所持的武器，先側身避開要害，然後再伺機反擊，以子之矛攻子之盾，才能制伏敵人。

萬一不幸避之不及，最好先求保命，反正君子報仇，三年不晚嘛！

只是倒楣，還算幸運

凡事多看積極面，對於自己的情緒會有很大的激勵效果，心情好轉了，看待事物就不那麼灰暗，不知不覺人也跟著亮起來。

人生不如意十之八九，總是沒有事事順利的。有些時候，甚至覺得爲什麼霉運不斷，好像什麼衰事都迎面而來，眞的是福無雙至，禍不單行。

然而，只要在心態上略作調適，告訴自己，只不過是倒楣而已，其實還算幸運。或許心裡的感覺會好許多。

有一次，曾任美國第三十二任總統的富蘭克林．羅斯福家中遭了小偷，財物損失相當嚴重。

他的一位朋友知道這件倒楣的事以後，便寫信來安慰他。

當下，羅斯福回了一封信給朋友：「親愛的好友，謝謝你特地來信安慰我，託你的福，我現在很平安，更感謝上帝，因為：第一，賊偷去的只是我的財物，而沒有傷害我的生命；第二，賊只偷去我的部分東西，而不是全部；第三，最值得慶幸的是，做賊的是他，而不是我。」

在我們受到的委屈的時候，總不免會心生抱怨，甚至怨天尤人，埋怨自己為什麼會遭受到這樣的不幸。但是，有些時候反向思考一下，我們其實只不過損失了部分而已，卻保留住更多的幸福呢！

正如羅斯福信中所寫的：失去的是東西、保留的是生命。試問兩者相較下，何者對你而言是最重要的呢？

答案應當很明顯吧！畢竟唯有擁有生命，才有機會去享受一切呀！

所以，凡事多看積極面，對於自己的情緒會有很大的激勵效果。心情好轉了，看待事物就不那麼灰暗，不知不覺人也跟著亮起來，好的事物與善的事物必定會接踵而來。

至於倒楣的事，就拋向腦後吧，即使發霉了，也不干你的事。

用各種角度看待事物

我們最應該學習以多方面的角度來思考，而不單純的以一種方式來看待事物。

在這個知識掛帥的時代，受教育的多寡彷彿決定了一個人的智商高低、腦容量的多寡，但其實這是一種嚴重的謬誤。

許多人在許多事物上都存有既定的看法，而在接受教育的過程當中，更容易被教導許多既定的觀念和想法。

所以，當我們所受的教育多了，就越容易失去從其他方向思考的能力。

美國作家艾薩克·阿西莫夫的汽車修理師極愛說笑話，每次碰上了艾薩克就愛聊上好半天。

有一次，他從引擎蓋下抬起頭來對艾薩克．阿西莫夫說：「博士，出個題目給你猜，有一個又聾又啞的人來到一家五金店買釘子，他把兩個手指頭並攏放在櫃台上，用另一隻手做了幾次錘擊動作，於是店員給他拿來一把鎚子。但他搖搖頭，指了指正在敲擊的那兩個手指頭，店員便給他拿來了釘子，他挑選出合適的就走了。那麼，博士，聽好了，接著進來一個瞎子，他要買剪刀，你猜他會怎樣表示的呢？」

艾薩克．阿西莫夫沒多想，立即舉起右手，用食指和中指做了幾次剪東西的動作。

修理師一看，不禁開心地哈哈大笑起來：「啊！你這個笨蛋。他當然是用嘴巴說要買剪刀呀。」

接著，修理師又頗為得意地說道：「今天，我用這個問題把所有上門的主顧都考了一下。」

「上當的人多嗎？」艾薩克急著問。

「不少。」他說：「但是，我事先就斷定你一定會上當。」

「那是為什麼？」艾薩克不無詫異地問。

「因為，你受的教育太多了，博士，光是從這一點，我就可以知道你不會太聰明的。」

有許多人未曾接受過高等教育，卻能在生活之中習得了更多書本裡學不到的東西，領悟力比端坐在課室裡的學子來得好。

如果在受教育時，沒有先學得了自由思考的能力，只是一味地把書本裡的東西往腦袋裡塞，最後成了只會吊書袋的書呆子，反而容易被人取笑。

汽車修理師的問題，你答得對嗎？

你的思緒與邏輯是否被既定的印象與答案給束縛住了呢？

其實，我們最應該學習的是以多方面的角度來思考，而不單單以一種固定的方式來看待事物。

不要過度以自我爲中心，也不要輕信權威，應該有自己的主張，習慣針對事物本身去做多面向的考量，如此一來，處理事物時就能更加客觀，而不致於陷入舊有窠臼之中，或被假象蒙蔽了雙眼。

用舌頭代替拳頭全集

罵人不必帶髒字的幽默智慧

柏登曾經寫道：「**用舌頭罵人，不如用腦袋罵人。**」因為，只會用「舌頭」罵人的人，嘴中容易出現一些情緒性的不雅字眼，雖然可以抒發自己一時的情緒，但是卻無法有效解決問題，相反的，懂得用「腦袋」罵人的人，卻可以讓自己不必在口出惡言的情況下，輕鬆地達到罵人的目的。

詹姆斯曾說：「**當對方以為你一定會罵他的時候，你卻一言不發，往往是最高明的罵人方式。**」的確，在該罵人的時候，卻保持異常的沉默，往往要比你口出惡言把對方罵得狗血淋頭的效果要好上許多，因為，如此一來，自認為一定會遭到你責罵的人，心中反而會有一種比被你責罵還要大的無形壓力。

《罵人不必帶髒字》系列暢銷作家

文彥博 編著

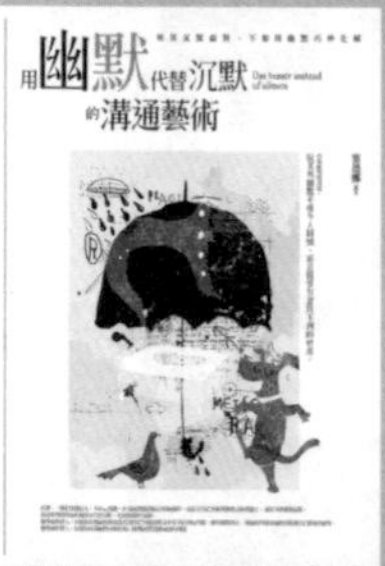

溝通大師

43

用幽默代替沉默的溝通藝術

作　　者　塞德娜
社　　長　陳維都
藝術總監　黃聖文
編輯總監　王　凌
出 版 者　普天出版家族有限公司
新北市汐止區康寧街 169 巷 25 號 6 樓
TEL / (02) 26921935 (代表號)
FAX / (02) 26959332
E-mail：popular.press@msa.hinet.net
http://www.popu.com.tw/
郵政劃撥 19091443 陳維都帳戶
總 經 銷　旭昇圖書有限公司
新北市中和區中山路二段 352 號 2F
TEL / (02) 22451480 (代表號)
FAX / (02) 22451479
E-mail：s1686688@ms31.hinet.net
法律顧問　西華律師事務所・黃憲男律師
電腦排版　巨新電腦排版有限公司
印製裝訂　久裕印刷事業有限公司
出 版 日　2019 (民 108) 年 3 月第 1 版
ISBN◉978-986-389-590-9　　條碼 9789863895909

國家圖書館出版品預行編目資料

用幽默代替沉默的溝通藝術 ／
塞德娜著.—第 1 版.—：新北市,普天出版
民 108.3 面；公分. - (溝通大師；43)
ISBN◉978-986-389-590-9 (平裝)